OLD PHOTOS

老照片

出版人　尹奎友
主　编　冯克力
编　辑　赵祥斌
特邀编辑　张　杰　丁　东　邵　建
美术编辑　王　芳

目录

封　面　1959年：屯垦新疆一家人（胡新明）
封　二　来华助战的苏联顾问（胡剑）
封　三　劳动妇女的节日留影（谭金土）

一顿难以下咽的黑茶

——战斗英雄郜喜德的故事

孙国辉

1962年冬天，我搭父亲下乡出差乘坐的一辆不断抛锚的美式旧吉普到牧区去。当路过翁牛特旗老西窝铺时，天已过午，我们又冷又饿，父亲说："天太冷了，咱们去你郜大叔那儿喝点茶再走。"于是，车向右拐，开上了去鸭鸡山林场的乡村便道。

在草原，倘若一位行路人渴了，走到任何一座蒙古包讨口水喝，都会受到热情的款待。好客的蒙古人绝不会让陌生的客人只喝凉水，而是端上热乎乎的奶茶让客人就着奶豆腐、蒙古果子喝好吃好。奶茶是这样做成的：先在锅里倒上水，将砸碎的砖茶放在锅里熬，熬开后再放点儿盐一起搅拌，之后再加进奶子（鲜奶），用勺子不停地搅拌，待沸腾后，一锅香喷喷的奶茶便烧好了。喝的时候可以单喝奶茶，也可以抓一把金黄的炒米放在碗里，舀上嚼扣（类似稀奶酪的奶制品），加上黄油和奶豆腐、奶皮子（皆为奶制品），再把滚烫的奶茶浇进碗里，炒米簌簌地响着炸开……那香纯、那热度刺激着舌尖和齿颊，旋即热乎乎地沿食道走下去——整个身子便都暖起来了，不渴、不饿也不冷了。随着主人殷勤地续茶、劝饮，定要你喝出汗来，喝透了，方才作罢。这样的奶茶喝过以后，浑身热乎

郜喜德戎装像。时年二十四岁，任团参谋长。

乎的，仿佛所有的关节都活络起来了……

其实，口腹之欲并不是我想见郜大叔的目的，我是想近距离地看看这位在全盟、全自治区，甚至全国闻名的神话般的人物。

到了林场，在一间简陋的偏厦子办公室里见到当管理员的郜大叔，他一点不像想象中那么英姿飒爽，只是一位又黑又瘦、衣衫褴褛的中年人。见到父亲，他很热情地从只有一张破旧办公桌的办公室兼宿舍里匆匆跑出去，片刻后和邻居家一位老额吉（蒙语老妈妈）提着两只暖瓶和粗瓷碗回来，给我们倒上了奶茶。

郃喜德与哈森结婚留影

天哪！这是什么奶茶？只用砖茶加水煮开后加盐还搁了几粒玉米碴，茶里没放牛奶，也不辅以嚼扣、黄油和奶豆腐。这种看起来带点儿褐色，喝起来略带咸涩味的清茶，牧民们称之为“哈日切”（蒙语意为黑茶），是旧社会穷困潦倒的牧民和王府的奴隶或者奶牛不产奶时喝的茶，是嗜茶的蒙古人喝的差到不能再差的茶。

我看父亲，他却如饮甘醴般一边一碗又一碗地喝着，一边和郃大叔亲切地谈着。当时，郃大叔正值被打成右派后贬下来接受改造、“走麦城”的时候，虽身形憔悴，但眼神却犀利。他看着旧相识高兴地喝着黑茶，满脸歉意。那位老额吉抱歉地说“素乌沃切”（蒙语意为没有牛奶的茶），同时也“切乌……切乌”（蒙语意为喝茶）地让着。我当时已是十七八岁的大小伙子了，能看出点儿眉眼高低，也大口大口地喝起来。走的时候，郜大叔送我们到大门口，从车后窗望去，他孑然站立，身子却挺拔，毫无虎落平阳的颓势。

人生的际遇会有巧合。当我多年后调到赤峰市政协工作时，郜大叔竟也调到了此单位任副主席。当然，这已经是在他经过“文革”的霜刀剑雨和“右派”平反落实政策以后的事了。而我也由于父亲曾留学国外被认定为“特务”和“反动学术权威”而受株连，被定为“黑五类子女”和“狗崽子”，致使我不能入团入党、不能入伍上大学，没有工作而沦为四处揽零活的短工多年后，随父亲的平反和落实政策有了工作。由于父亲的关系，我亦与郜大叔走得很近，甚至无话不谈。

郜喜德生于黑龙江省泰来县，蒙古族。1945年8月，在王爷庙（今乌兰浩特）参加东北抗日联军，后来转编为东北民主联军骑兵师。1946年加入中国共产党。在齐齐哈尔、四平、长春、沈阳等战役中历经战斗200余次，40次跃马冲锋。在四平战役中，他藐视顽敌，面对山上敌三挺轻机枪、两挺重机枪和两门六〇炮的扫射和轰击，不顾战友的劝阻，单臂擎刀，跃马仰攻，砍杀了敌机枪手和炮手，并乘胜连续冲杀，手刃顽敌40余人，威震敌胆。

他曾荣立特等功一次、大功一次，荣获东北民主联军英雄奖章，被评为一级战斗英雄，光荣参加了1950年10月在首都北京隆重召开的全国战斗英雄、模范代表大会。会议期间，开国英模们受到毛泽东主席、朱德总司令和周恩来总理等党和国家领导同志的亲切接见。这次大会是建国初期召开的最隆重盛大

邰喜德与战友合影。

毛泽东和郃喜德握手。

的会议，令全国人民瞩目。骑兵英雄郃喜德的名字在全国受到赞颂和传扬，无数的信件如雪片般飞来。

大会闭幕后，各地的英模纷纷踏上归途。但郃喜德却接到军委和总政的通知，命令他暂时留京，说有画家要为他画像。

1997年初，郃大叔在家里一边像喝白开水一样大口喝着高度白酒（在被打成“右派”以后，在逆境和落寞中，他有了嗜酒的习惯），一边愉快地回忆当年画像的经历：

“全国英模大会结束后，总政和军委命令我留下，说有画家要给我画像。我当时二十三岁，不知道怎样画像，更不知道画家是谁，只知道服从命令，完成上级交给的任务。

“后来知道是徐悲鸿同志给我画像，他是中央美术学院的院长，是全国闻名的大画家。

“第一次见到徐悲鸿同志，是在当时的中央美术学院的一间很宽敞很豁亮的屋子里，汽车把我从住的地方一直拉到屋门口，徐悲鸿看上去有四十多岁，其实已经五十五岁。我立正

朱德和郃喜德（前排左一）等合影。

郃喜德和与会的英雄合影。好特老、郃喜德、斐云、何子生（自左至右）。

向他敬礼，他很热情地和我这个小青年握手，拉我到椅子上坐下。他人长得很帅很精神，身上有一种虽然随和但与众不同的东西，后来别人告诉我这叫‘艺术家的气质’。他的个子和我差不多，颧骨长得有点儿高，像我们蒙古人。第一次去没画画，只是彼此互相认识一下，聊了聊，徐悲鸿同志就请我到街上的饭馆吃了顿饭。

“以后开始正式画像了，每天上午用汽车把我接到美术学院，徐悲鸿坐在一个支开的木头画架子后头，让我穿着军装站着或者坐着。他一边画，一边跟我聊天。他没有大艺术家和院长的架子，十分随和。他告诉我，画的时候你要觉得累，可以活动手脚，可以喝水甚至可以走动和上厕所，再不要说‘报告’，自己随便掌握，他笑着说你喊报告会打断我画画的思路。这里不是部队，你只管放松就行了。

会议徽章

“每天只画一个多钟头。到时间后，徐悲鸿就请我上馆子吃饭，每次他都打电话请他的好友田汉同志来陪，徐悲鸿有时管田汉叫寿昌，有时叫他伯鸿，后来田汉同志看我有些捂迷（赤峰方言‘困惑’），才告诉我这都是他的字和笔名，可以看出他们的关系十分亲密。当时天气渐凉，我们大多是去王府井的‘东来顺’饭庄吃涮羊肉，喝茅台酒。我当时不会喝酒，田汉同志却又能喝又能聊，有说有笑，妙趣横生，加上火锅热气蒸腾，使席间气氛十分活跃。后来徐悲鸿在画像时慢慢讲了田汉的历史和他们之间的战斗友谊：田汉是中国最杰出的戏剧家、话剧的开拓者和戏曲改革的先驱。1928年田汉与徐悲鸿、欧阳予倩组建南国艺术学院和南国社，在电影阵线也很有作为。三十年代就是‘左联’成员，1932年入党并写出《义勇军进行曲》的歌词，经聂耳谱曲后传唱全国，后被定为中华人民

郃喜德免冠照

共和国国歌，这也是我和战友们最爱唱的歌。那时吃饭大多是徐悲鸿花钱，有时田汉做东。他们还陪我看过戏，演员都是青少年，估计是戏剧学院的学生，看戏的时候他们两位不在意我的年轻无知和外行，很亲切地和我谈话，给我讲解戏里的故事情节。到演戏结束的时候，演员最后全体出台谢幕，田汉就拉着我的手走上台，说同志们等一等，这位就是骑兵英雄郃喜德同志。当时我的名字好像演员和观众都知道，台上台下热烈地鼓掌，我当时不知怎么办好，也说不出什么，只好立正敬礼，还有不少演员和观众拥过来让我签字，弄得我好个出汗！

“有一天，记得徐悲鸿让人把椅子摞起来让我坐在上面，

郃喜德（中）与战友们的合影

脚搁在另一把椅子上，他坐在不远的一把椅子上，左手大拇指抠着一块云彩形的挤了颜色的薄板蘸色画画。正画着，来了几个同志，都穿着便装，其中有一位高个子的人穿着深色呢大衣，好像是位大‘打拉嘎’（蒙语意为官、领导）。他好像和徐悲鸿很熟悉，一进屋就笑容可掬地双手打着手势，让大家都不要动，该干什么还干什么。徐悲鸿也顺其意继续给坐在椅子上的我画像，我根据军队的习惯看出另外三个人是这位首长的秘书和警卫，那这人的职位一定不低。让我始料未及的是，这位首长竟从跟随的人手里拿过一个照相机，他和徐悲鸿聊了几句就过来和我握手，笑着说：‘好棒的小伙子，这么年轻就成了英雄，骑马挥刀，很神

徐悲鸿当年给郎喜德画的油画像

气啰！’后来，他让我按照原来的姿势坐下，在徐悲鸿继续画像的时候，举起相机给我们照了几张相，便匆匆握手告别了。后来徐悲鸿告诉我，他叫张爱萍，是我军的高级将领，拍得一手好照片。”

田汉赠给郃喜德的肖像照

我问郃大叔，这些照片您看过吗，现在在什么地方？他说从来没有看到过，也不知道还有没有，这事儿就搁置了。

“画了一个多月以后，徐悲鸿同志告诉我：‘画像基本差不多了，只需要再补充一些细节就可以了。让你离开草原，离开部队和战友这么长时间，向你表示歉意。我已经跟军委和总政打了招呼，你可以回部队了，已经给你买好了火车票，是大后天的，你再在首都玩两天。……好，我们再见吧。’他站到我跟前，拍着我的肩膀说：‘年轻的英雄，以后来北京，一定再来找我，咱们再相见。’

“走之前又和田汉一起吃了一顿告别饭，田汉同志还送了我一张他的二寸照片作为纪念。依依惜别之后，我回了赤峰。其实我看得出来，悲鸿同志是强打着精神画画，他的身体好像有了病，精气神显然不足，人也好像十分萎顿。从那次分别后，我再也没有见到徐悲鸿，后来我恍惚听到他不在了，我怕这是真的，也似乎感到这是真的，便不愿再深究这事，也不打听，只是深深怀念着他。对田汉也是这样，净听批判‘四条汉子’，知道他的日子也不好过。”

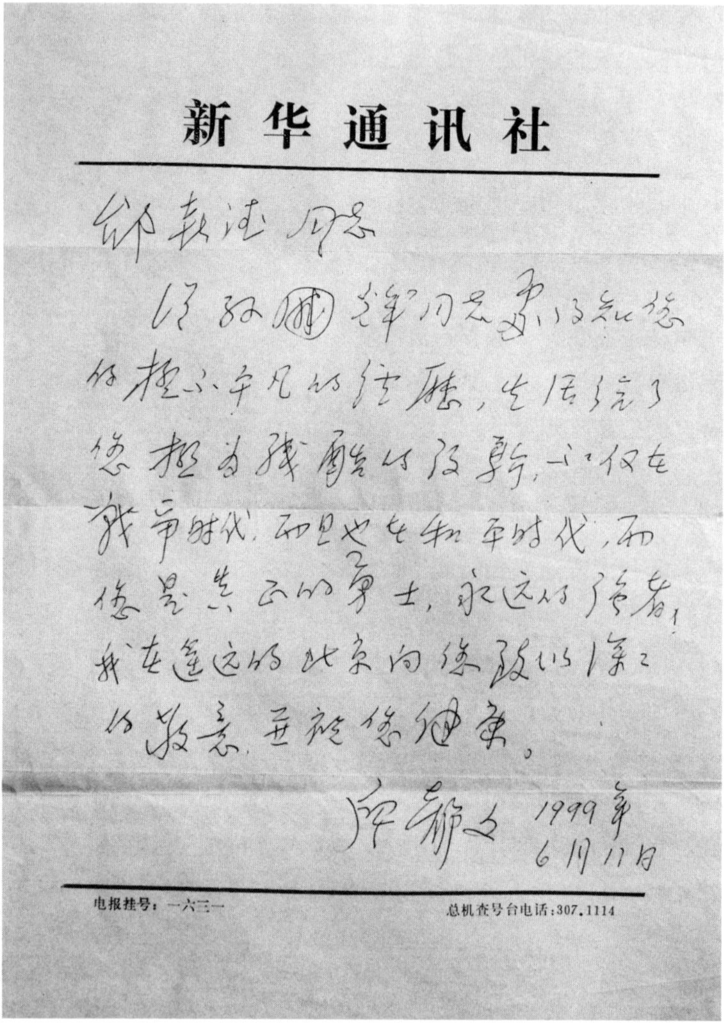
新华通讯社

邰喜德同志：

经好友宝辉同志来信知悉您的极不平凡的经历，也使我认识了您极为残酷的战斗，不仅在战争时代，而且也在和平时代，而您是真正的勇士，永远的胜者！我在遥远的北京向您致以深深的敬意，并祝您健康。

廖静文 1999年6月11日

电报挂号：一六三一　总机查号台电话：307.1114

廖静文致邰喜德信

从徐悲鸿先生为郃喜德画像至今，已经过去了六十五年。其间，徐悲鸿于1953年不幸罹病谢世，田汉也于1968年在“文革”中遭迫害庾死狱中。郃喜德在1957年被打成“右派分子”后，受到种种不公正的对待，在“文革”中遭遇更甚，先后被劳改、管制、刑讯，甚至身陷囹圄。笔者在1962年亲眼看到的郃大叔和亲口喝过的“哈日切”就能证明这一切。

1982年，徐悲鸿夫人廖静文先生撰写的《徐悲鸿的一生》一书在北京出版，书中提到了悲鸿先生为郃喜德画像的事。到1997年，我买到这本书送到郃大叔家请他读。当他看到书中写到画像的事，并在插页里刊登的自己的画像后，立即给廖静文先生写信问候。廖先生旋即复信，郃喜德收到后激动万分，竟把信纸都攥破了。

1999年末，笔者到徐悲鸿纪念馆拜访了当时七十七岁的廖静文先生。老人家详细询问了郃喜德的近况，当得知他身体健康、精神豁达后，年高德劭的廖先生十分欣慰。

在谈及徐悲鸿先生为郃喜德画像的事情时，老人家深情地回忆道：“悲鸿是1950年给郃喜德画像的。那一年，召开了全国英模大会，有那么多英雄和模范从四面八方来参加会议。能够被选出来让悲鸿画像是很特殊的，最初是悲鸿主动提出来为英雄中的佼佼者画像的。当时徐悲鸿不是普通的画家，周总理已任命他为中央美术学院院长，后来还担任了全国美术工作者协会主席，是最有名的画家之一，而郃喜德是立了大功的全国闻名的战斗英雄。

“我虽然没到画像的现场去过，但在给郃喜德画像的日子里，悲鸿每次回来都很兴奋，说郃喜德那么小的年龄就那么勇敢无畏，立下赫赫战功，真让人感动。而在日常接触中，他又显得稚气和腼腆，真是我们的好战士啊！”

当她听我谈到郃喜德曾被错误地划成“右派”而半生蹉跎时，老人家先是很震惊，有些激动地说：“我不知道郃喜德被打成‘右派’这件事，我们这里一直挂他的像，出画册也印他的像。想不到一个立下战功的人，为党的事业出生入死的英雄也会被打成‘右派’！”

接着沉默良久，但可以感到廖先生内心的不平静。继而她语调沉重地说：“人生的道路真是坎坷。他有那么高的荣誉，打成‘右派’以后，从那么高的顶峰落到谷底，需要很大的勇气才能活下来。我有一个弟弟在湖南农村一个小地方当小学教师，打成‘右派’以后自杀了，死时很年轻，我弟弟是弱者，郃喜德同志是强者。请你向郃喜德同志转达我的敬意和问候——一个人心灵的痛苦要比肉体的痛苦难承受得多，郃喜德同志很了不起，我很高兴听到他终于等到了平反这一天……”

廖静文先生托我把一封信带给郃喜德同志，信中写道：“郃喜德同志：从孙国辉同志处得知您的极不平凡的经历。生活给了您极为残酷的考验，不仅在战争时代，而且在和平时代。而您是真正的勇士，永远的强者。我在遥远的北京向您致以深深的敬意并祝您健康。”

郃大叔在家中摆酒庆贺这次来信。

2000年2月6日，郃大叔与亲人、同志和笔者暌隔于幽明之界。廖静文先生闻讯后立即发来唁电表示悼念。

2006年，郃大叔夫人哈森大婶不顾年迈，执意要去看望廖静文先生。因地址和道路不熟，跟我打听，我当即决定陪同前往，和哈森大婶母女登上了赴京的列车。

拂晓，列车的颠簸让我醒来，还有两小时就到北京了，却

张爱萍将军为徐悲鸿给郃喜德画像所拍照片。

看到郃大婶坐在窗前，凝神注视着黝黑的窗外，经历沧桑的脸上写满了无声的激动。

廖先生见到哈森大婶异常兴奋，两位老太太携手而叙，相见恨晚。廖先生高兴地当场穿上了哈森老人送给她的蒙古族服装和帽子，合影留念。

廖静文先生当时已八十多岁，且病痛在身，却不顾旁边工作人员的劝阻，坚持陪哈森老人上展楼看徐悲鸿当年为郃喜德画的油画，还亲自讲解了悲鸿的作品和生平。之后，她们在郃喜德的油画前合影留念。

后来，廖先生体力不支，坐在二楼走廊的椅子上休息，由讲解员陪着哈森老人继续参观。当走到楼上大厅里一间模拟徐

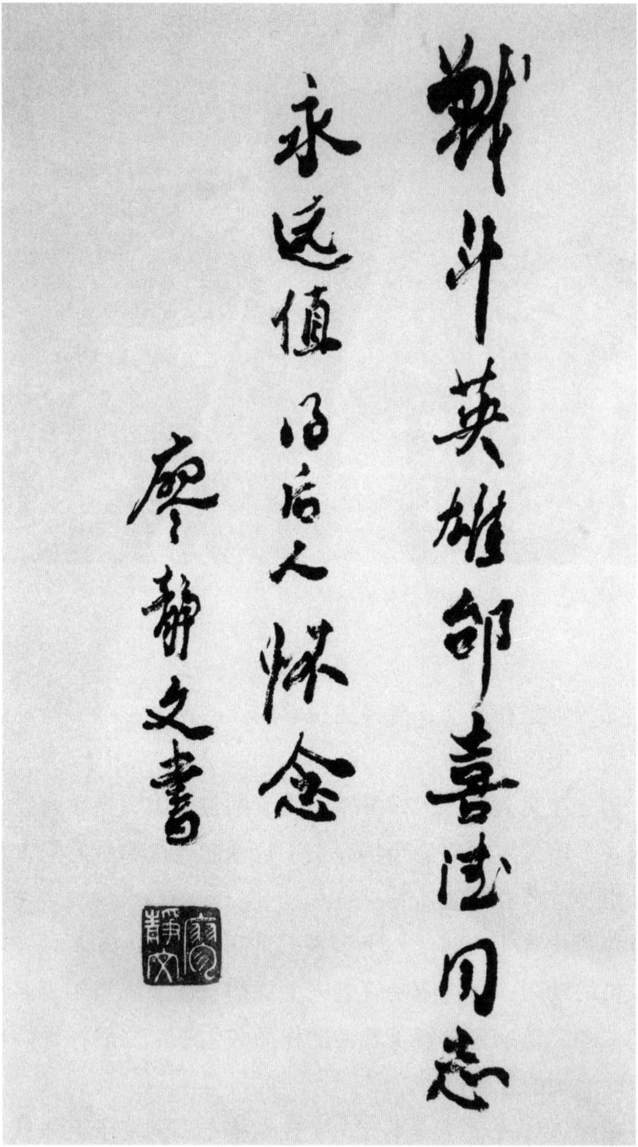

廖静文给哈森的题词

悲鸿当年办公室的隔间时，哈森大婶忽然指着墙上的一张照片说：“这不是老郤吗？”

我赶紧趋前仔细看这张照片，看出正是梳着较长头发的徐悲鸿坐在画板后的椅子上，一边用右手的画笔在调色版上调色，一边聚精会神地注视和观察着他画的人，而被他画像的人恰如郤喜德所说，坐在用凳子垫起的椅子上，脚搁在另一把椅子上，被画的人很年轻，和我在1962年见到的郤喜德非常像。这时，郤喜德的女儿问：“是我爸吗？”

我嘴里不说心里想，一起生活了一辈子的发妻难道会看走了眼？又看下面的说明“徐悲鸿为战斗英雄画像”并注有“张爱萍摄影”。我恍然大悟，这一定是郤喜德大叔生前向我描述的画像现场照相的事了，一定是张爱萍将军把所拍摄的照片送给了徐悲鸿纪念馆，我心中的悬疑——张爱萍将军拍摄的绘画现场照片的下落有了答案。

我一时高兴，取出翻摄皮腔装到相机上就要翻拍，当即遭到讲解员的制止，说馆内不能拍摄，我一急拉着讲解员的手说：“请你跟我去见馆长，请她批准一下。”不由分说拽着这位女孩子下到二楼，坐在走廊里休息的廖静文馆长听了我的要求，宽厚地笑了笑，对那位讲解员温和地说：“可以，孙国辉同志在馆里拍任何东西都可以，让他拍吧！”

廖馆长的关照和宽洪大量，让我意识到自己激动中对讲解员的不礼貌，在返回楼上时，我再三向讲解员道歉，她却腼腆而包容地说：“没什么，我理解您的心情。”

我从容地用三脚架翻拍了这张照片。

临别前，廖静文先生回到她的办公室用毛笔为哈森老人题词：“战斗英雄郤喜德同志永远值得后人怀念　廖静文书”。

名人一瞬

孔祥瑛女士和她的后代

赵 絪

父亲生前和我们聊起清华园岁月时，曾提到班上仅三名女生，有两位后来很出众：一位是大名鼎鼎的文化官员、《思痛录》的作者韦君宜；一位就是著名“三钱”之一钱伟长的夫人孔祥瑛女士。孔女士是由天津南开女中考入清华的，祖籍山东，孔子第七十五代传人，少年时就办过刊物，是位教养颇佳、才具不低的知识女性，1949年后一直任清华附中的校长。钱伟长被打成右派后，祸及家人。孔女士不再担任校长之职，避开了自己敏感的中文专业，而去教一门无法“信口雌黄”的课程——地理，此举甚明智。儿子钱元凯虽是当时清华附中品学兼优的尖子生，也因其父之故不被录取。细想家中既有中文造诣颇深的母亲，又有数学泰斗这样的父亲，他不出家门即可深造，那一纸文凭不要也罢。

上世纪八九十年代，孔女士陪夫君数度到西北考察。她只是个陪员，没什么硬场面一定需要周旋，于是经常溜号到我家私访，寻她的老同学——我的父亲赵俪生叙叙旧日的同窗之谊。

人老了，难免有几分怀旧，都喜欢唠唠当年风华正茂的青年时代。老同学一见面，那种快乐自然没法说，仿佛又回到

1990年前后，钱伟长偕夫人孔祥瑛到西北考察时，摄于兰州大学校园。左起：赵俪生、钱伟长、赵继游、孔祥瑛、叶开源。如今，照片上的五人皆已作古矣。

了三十年代的清华园，坐在一起掰着手指清点他们班同学的境况，这些人现如今都在哪里，都在干什么，哪个死了，哪个病了，哪个上去了，哪个下来了，哪个学问做得踏实，哪个还在那里胡扯淡。总之，老同学眼里、嘴上的同学就是同门师兄弟，他们才不管他官居几品，是哪行哪业的煌煌大家。在自家屋中描摹人物，点评优劣，可是件无须防范、不用顾忌、蛮有乐趣的事，比官方报道出来的要生动许多，更加活灵活现。由于父亲偏居边陲，自然是孔女士知道得多，父亲了解得少。当然，他们也彼此开涮，相互“揭短”，热闹得让你感觉不到这是两位耄耋之年的老人。

孔女士一来，父亲的开场白便是："多年不见老大姐，不过钱学长倒是经常能在电视中看到，俨然跻身于政府领导行列喽！"孔女士不以为然地嘴一撇："那有什么，别让人家老百姓不待见。"他们在细数清华十级老同学的去向后，开起了玩笑。孔女士对母亲说："赵甡可是当年清华园的美男子，有名的调皮蛋。"父亲调侃："既然我是清华园的美男子，你怎么嫁给钱伟长，没嫁给我呀？"孔女士一下笑翻了，冲我母亲说："到老没正形！当年他是我们班上最小最小的小弟弟，我们哪个不比他大个两三岁？他那会子还是个小孩子，啥都不懂呢！"父亲不服："谁说我不懂，××见天趴在宿舍里给你写情书，打发我给你传递，到现在我还能给你背上两段。"于是摇头晃脑、咬文嚼字地背了起来，活脱脱把一个酸腐文人模仿得惟妙惟肖。背完问孔大姐："有这事吧？"孔女士笑得一塌糊涂，指着父亲对我母亲说："我都忘了，难得他还记得，那点子记性都用到这上头了！"

正说到兴头上，钱伟长的电话来了："你怎么还不回来，大家等着你开饭呢!"父亲赶紧催客："钱学长不耐烦了，你还是赶紧过去吧。按说咱们老同学难得一聚，怎么地也得为老大姐设宴接风洗尘，怎奈今儿个我家吃的是庄户饭，太寒碜，实在拿不出手来。你还是去宁卧庄赴大宴去吧。"已经走到门口的孔女士一听父亲这番话，停了脚步，返了回来："哦，要真是顿庄户饭，我还不走了呢。看看你家的庄户饭。"她径直迈进厨房，一眼就看到火上熬着稀稀的包谷面糊。我正手忙脚乱，连擀带烙做着韭菜鸡蛋盒子。孔女士一见，高兴得很："要是这个饭，我倒要留下了。"进屋里打电话："你们自个吃吧，别等我了。我在赵甡家吃饭了。”

饭桌上，父亲让我们姐妹上桌陪客，冲孔女士讲：“孔大姐，这就是我那位并不漂亮的夫人，这就是我那窝并不漂亮的女儿。”父亲一直记住老同学背后的损词，故意在此撂了出来。孔女士满脸笑开了花，冲我们频频点头：“蛮好，蛮好……”妈妈有几分愧疚地冲孔女士讲：“我家教不好，女儿个性都强，都有脾气，所以一个个都没出嫁。”孔女士拍着妈妈安慰道：“一样的，一样的，我家也是这种情况。”这说明知识分子家的女儿待字闺中的绝不仅我们这一家。

1993年去北京出差，父亲让我给孔女士捎上他刚发行的一本著作。临离北京的前一天，才去寻钱府。我是刘姥姥进大观园，对新北京真有点摸不着北，偌宽的大街高墙沿道，就是找不着一个门。还是一位熟知此处的行人给我指了一条光溜溜百米长的侧道：“拐进去就是。”对着大马路的是个紧锁的车库大门，往里走一截方发现有一侧门，站着几个警卫人员，院里都是独幢琉璃瓦的中式建筑，两层，很是恢宏。警卫态度倒是十分平和，根本没有盘查身份来路。我告知要去钱家，他们指着不远处的一幢楼：“就是那，不过老两口不在。楼内管道年久失修，正在更换，安排他们去外地疗养了。”“我从外地来，带给他们的东西放在哪啊？”“他们家还有人，你敲他家门送进去不就行了。”没费什么事，我就这么进去了。

开门的正是钱元凯。虽初次见面，已是久仰了，我从少年时就知道钱公子的故事。就是他的际遇，让母亲严禁我的二姐报考清华，每当有人征询母亲孩子考学选择取向时，只要对方家中不那么硬梆，母亲都会举钱元凯的例子让人家慎行。这会儿，这个例证就这样站在了我的面前。第一印象朴素平实，灰色夹克衫，与马路上穿着工作服上班的职工没啥两样，个头不高，貌不惊人。报上家门，立马迎我入室。厅堂已如工地，木地板被掀开，挖了沟槽，家具摆得横七竖八。他说明情况，拖了两把椅子。我们就在一片狼藉之中坐下来寒暄。他像接待经常串门的邻居那样，平易亲切不见外，不张扬，没有一丝一毫豪门子弟所特有的那种颐指气使的“气派”。

我们正交谈间，蹦蹦跳跳进来一个看似只有十几岁的小女孩，齐耳短发，学生装，进来喊了一声“爸爸”。钱元凯叫住女儿“叫姑姑”，孩子听话地叫了。我一打量，父女俩的眉宇之间都留有孔女士的模样，于是开评：“你们俩长得都像你奶奶。”我冲小女孩说：“不过你不及你爸漂亮。”小女孩顿觉委屈，噘起嘴冲她爸问：“是吗？”父亲得意地白了女儿一眼：“那还用说。”我赶紧转换话题：“上几年级啦？”没想犯了更大的忌，小女孩的嘴又噘了起来。当父亲的赶快解释：“在北师大中文系读研究生。”天哪！人家已是“进士”，我还在当小孩逗呢，赶紧致歉。小女孩很释然地挥挥手，道声再见，顺楼梯上二楼用功去了。当我得知钱公子是照相机厂的总工程师时，取出自己的相机抱怨弄丢了镜头盖。钱公子很随意地说：“这有什么关系，你把相机放下，三天后给你复制一个”。我很遗憾地说：“我是明天的火车票。”“那可来不及，你干吗一到北京不来找我啊？”“我咋知道你是照相机厂的总工程师，再说啦，相机放你这，我用什么啊？”“你咋这么不开窍，我给你个相机你先玩着呗。”我真蠢。由此可以窥见，虽初次相见，人家坦诚相待，根本没把我当外人。

华灯初上，钱公子一直把我送到大街，过了马路，指点我坐几路哪里下，再换几路就可回到我的住处。原本想这国家级人物的门槛不容易进，就算不给脸子，恐怕不是冷漠就是彬彬有礼、客客气气地打发你赶紧走，所以早就作好敲开门，说明情况放下东西立马走人的打算。没承想促膝交谈到这般时候，人家像接待老相识一样接待了这压根没见过面的世交子弟。这让我想起朴实无华的孔祥瑛女士，一个大家闺秀，受了高等教育的知识女性，着装、言谈、举止得体自然，没有丝毫的矫情、做作，从不虚伪地与人客套。这样的母亲能不教育出平民化的正派子孙么？

几年后，孔女士在上海仙逝。家中收到自称是孙女的短笺，我想就是那位研究生了，方块字和长相都如中学生般的端正而规矩，但信写得简练而有感情。因为是写给我父亲的，我只浏览了一遍，大概内容是这样的：抬头的称呼是“赵爷爷”，然后告知奶奶已于某年某月某日因病去世，您寄给奶奶的大作已收到，奶奶收到后始终放在枕边，可以说这是奶奶生前读到的最后一本书。短短百十个字，读得我不胜唏嘘。信简略得不得了，可就是这百十个字，却表达出孔祥瑛女士与父亲之间的那份同窗之谊、牵挂之情。没有相当的文字功夫，是难以概括得这么准确到位的。

孔祥瑛是个高品位的知识女性，无论从哪个角度去观察都让人感到“舒服”。钱氏的世代书香底蕴，孔门家风的代代传承结合后，养育出了不卑不亢、朴素无华的后代传人。这样的人家恐怕也不太多了吧。

抗战时期的杨森

胡 剑

“满天烽火遥相望，切齿倭奴势正张。指点三军杀敌处，刀光如雪月如霜。”在淞沪抗战前线，川军将领杨森一边高声吟诵着自己口占的这首抗倭诗，一边从容地指挥部下奋勇抗敌。这是近年热播的28集电视连续剧《民主之澜》第12集中，有关杨森率部参加淞沪抗战，要求士兵誓与阵地共存亡的镜头。而电视连续剧《壮士出川》，则更详尽地讲述了无数川军将士在抗日前线谱写的一曲曲英雄壮歌。杨森是一个复杂而多面的人物，其是非功过，历史自有定论。笔者也曾在《老照片》的相关文章中对其有过解读，此处不再赘述。仔细翻阅现存南充市档案馆的“杨森影集”，并查阅相关史料，可见其在抗战时期还是有所作为的。

一

1937年夏，根据“川康整军会议”决议，杨森二十军的三个师改编为两个师，撤销一三五师，保留一三三师和一三四师。改编后，杨森为军长，夏炯为副军长。一三三师师长杨汉

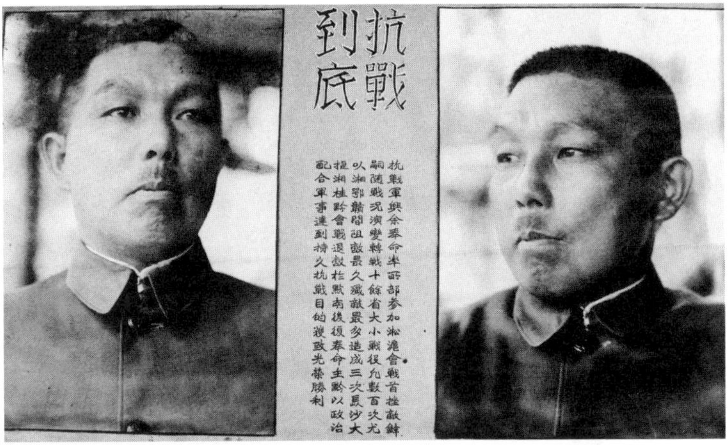

“杨森影集·抗战时期”首页的照片与题识

域，一三四师师长杨汉忠。每师辖两旅，每旅辖两团。手枪团直属军部，团长杨汉印。当年二十军中杨森同宗的子侄和四川广安籍的不少，被称为“杨家将、广安兵”。杨森也曾说：“我们杨家是大宋朝杨继业的后代，是‘杨家将’的继承人，历朝历代，祖祖辈辈忠勇报国！”

卢沟桥事变后，杨森接二连三电呈蒋介石，要求将他的二十军编入战斗序列，到最前线去对日作战。蒋介石对杨森主动请缨予以嘉勉，同时叫他加强战前训练，随时准备出发。淞沪抗战爆发后，蒋介石命令杨森所部开往安徽安庆待命，并叫杨森在部队开拔之前先到南京参加最高军事会议，共筹大局。于是，杨森提前飞抵南京。为了全面了解前线战况，经请示国民政府主席林森同意，杨森会后从南京出发到上海，再北上青岛，经徐州、郑州，折回汉口，与部队会合。

杨森在其回忆录《九十忆往》中记录了淞沪战场的见

杨森抗战时期的戎装照

闻："黄浦江上敌舰排列如山，贴红膏药的日本飞机每天轮番轰炸。想去最前线了解一下实际战况，部队长为我安全着想，要我在夜晚活动。夜间我到达最前线，将士们士气倒很高昂，只是敌人的飞机、大炮、坦克车太厉害，以平面战术应付海陆空的立体战，血肉之躯怎敌得过猛烈的轰炸与炮火？白天受伤的将士要等到夜晚才能运到后方救治，因为敌人一发现目标，炸弹和炮火就会排山倒海般的袭来。"当时，日军在上海的兵力已达10万人以上，且在继续增兵。敌军拥有重炮300多门、坦克战车200多辆、飞机300余架、大小舰只70余艘，海、陆、空齐备，武器精良。虽然国军已集结兵力达40余万，但火炮等重武器配备太少，坦克战车更是寥寥可数，敌我武器优劣悬殊很大。

1937年9月1日，杨森的二十军从贵州徒步出发奔赴淞沪战场。二十军是川军中最穷的部队，他们上穿破旧的军衣，下着短裤、绑腿，脚穿草鞋，手握“老套筒”步枪，身背大刀、斗笠、背包，沿着湘黔公路，每天行军五十多公里。一直到湖南辰溪，才乘船从洞庭湖到长沙，再乘火车到达武昌，连夜渡

杨森在南京郊区留影。

过长江到汉口，再经汉口转郑州、徐州、南京，最后到达上海嘉定县南翔镇。尽管风餐露宿，历尽艰辛，但二十军的将士们一路高歌《大刀向鬼子们的头上砍去》《义勇军进行曲》等抗日歌曲，同仇敌忾，精神抖擞，经过四十一天的跋涉，终于在10月12日到达上海前线，成为首批抵达淞沪战场的川军。在南翔车站站台上，杨森感慨万端，口占一首《陇海道上感怀》：“才消炎暑试新凉，沃野欣闻禾稼香。为挽艰危征万里，不教倭寇事披猖。”

二十军军部指挥所，就设在南翔火车站附近的一个院子内。战斗之前，为鼓舞士气，杨森到前线各团发表动员讲话。他说：“我们二十军是川军中的铁军，是全国闻名的勇敢部队，所以才调到上海来对日作战，我们一定要抵住敌人的进攻。为国牺牲，也是最有价值的！”二十军这次参加淞沪会战，主要任务是承担桥亭宅、顿悟寺、蕴藻浜、陈家行一线的防守。10月13日，日军第九师团和其他特种部队数万之众，以大场、桥亭宅、顿悟寺、陈家行一线为攻击重点，企图从中央突破，消灭我中国军队，形势十分危急。

10月15日上午，杨森和副军长夏炯等正在与卫兵一道整理加固指挥部的工事，值班参谋传来第六兵团总司令薛岳的命令：防守桥亭宅、顿悟寺一带的三十二师被日军突破，阵地失守，要求杨森迅速出兵收复阵地。顿悟寺是当地的一座庙宇，旁边有近千米长的一段土丘，虽然坡度不大，土丘不高，但在长江三角洲的平原上，却是两军必争的一处制高点。为了争夺这片弹丸之地，友邻部队与敌人战斗了几天几夜，如今已成了一片断垣残壁。顿悟寺阵地的东侧和大场阵地相连，如果顿悟寺失守，日军便可截断我军的联系，并从侧后方包围大场主阵

1940年4月，第九战区同仁在长沙合影（左四为战区司令薛岳，右四为副司令杨森）。

1941年10月20日，衡阳各界慰劳团与杨森（前排中）在南岳合影。

杨森（前排右二）与二十七集团军部分官佐在安庆通城南江桥。

杨森（左二）淞沪抗战期间在蕰藻浜视察前线阵地。

1937年10月9日，杨森（中）与二十军副军长夏炯（右）、一三四师师长杨汉忠（左）在上海陈家行。

地。于是，杨森下令迅速组织反攻，收复桥亭宅、顿悟寺一线友军失掉的阵地。

执行夺取顿悟寺这场攻坚硬仗任务的是四〇八团。当夜大雨滂沱，这片烧焦的黑土地已成一片泥泞。杨森赶到前沿，召集师长杨汉忠、旅长杨干才和团长向文彬分析敌情，商量战术。杨森决定夜间冒雨突击。兵力部署上，采取纵深配备，一个营在前，一个营在后，交替使用。入暮后，部队进入攻击位

杨森在安庆军部留影。

置，二线部队进入前沿。杨森首先请求集团军炮火支援，不等敌人的炮火还击时，向文彬就带领一营冲向敌阵。日军依仗其火力优势，将炮弹狂风暴雨般倾泻过来。向文彬团全体官兵拼死恶战，终于将日寇凶焰扑灭，日军只得仓皇后退。

10月17日拂晓，当四〇八团收复桥亭宅、顿悟寺阵地后，日寇不甘失败，即于翌日以一部与四〇八团相持，又集中优势兵力，在飞机大炮掩护下向蕰藻浜八〇二团阵地进攻。蕰藻浜是上海北部的一条重要河流。这一带地势平坦，难于隐蔽，冲锋时易暴露目标。由于敌人有绝对优势的炮火和空中掩护，总的形势于我不利。杨森在电话中对八〇二团团长林相侯说：“相侯，你原是我的卫士，素来作战勇敢。你团长一职，是你英勇善战升任而来。你要和向文彬一样，给我狠狠打小日本！”林相侯不辱使命，亲临第一线指挥，屡挫日军。拉锯战中，日军组织强大兵力反攻，在阵地将要丢失的千钧一发之际，林相侯身先士卒，冲出战壕与敌人死命拼杀，头部中弹倒下后，依然怒目圆睁，手指前方，示意官兵们奋勇杀敌（林相侯是川军在淞沪战场上为国捐躯的第一位团长。1988年12月29日，四川省人民政府追认他为革命烈士）。林相侯牺牲后，八〇二团将士义愤填膺，英勇搏杀，屡挫日寇进攻。接着，八〇三团团长李麟昭又率兵增援，死死保住了阵地。

战斗持续到第四日午后，三十二师王修身所部守护的陈家行阵地又被突破，薛岳急命杨森派兵反攻，恢复原阵地。杨森即令一三三师出击。一三三师师长杨汉域以三九七旅为第一线向敌攻击前进，徐昭鉴的七九七团为预备队，蔡慎献的七九三团和李介立的七九四团分左右两翼，对日军实行夹击。在陈家行守卫战中，与敌激战之后，营级军官仅剩景嘉谟一人时，仍指挥士兵顽强坚守，至死不退，终于保住阵地。此后，二十军阵地由友军接防。杨森所部奉命开赴苏州、常熟一线，掩护上海民众转移。在辛庄至常熟附近一线阵地上，又与日军激战两昼夜，完成了掩护任务。

在此次淞沪抗战中，二十军经过四十多天的急行军，以疲惫之师、落后的武器装备，迎战装备精良、以逸待劳的日军。不但守住自己阵地，还把友军所失阵地夺了回来。但代价也极为惨重。据不完全统计，战斗中阵亡2000余人，受伤5000余人，团营长伤亡20多人，连排长伤亡200多人。杨森晚年回忆时曾说，这次战役“使我付出了生平最大的代价，半生心血，一手训练，和我相亲相爱，如手如足的弟兄，整补的时候，零零落落，七拼八凑，只剩下了一旅之众”。

二

淞沪战后，杨森率部撤离阵地到达南京。蒋介石召见杨森时说：“你的二十军这次在上海抗战打得很好，很光荣，第一批外械到了，优先补充你的部队。”同时，升任杨森为二十七集团军总司令，仍兼二十军军长，并调往当时安徽省首府安庆市补充整训。1937年12月，杨森率二十军到达安庆后，装备和编制都比原来有所加强，步枪大部换成捷克制，每营增加一个重机枪连，每团增加一个迫击炮连。特别是通讯部队更为充

1938年5月，二十七集团军特务训练班毕业典礼（前排右八为杨森）。

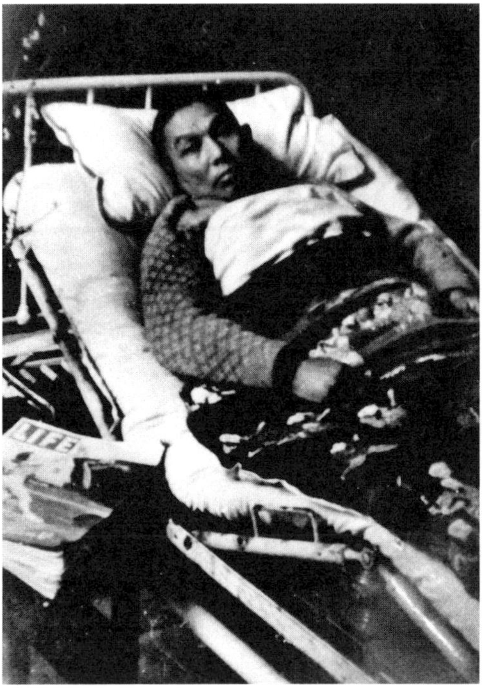

病榻上的杨森

实，军里增加了通讯营，师设通讯连，团设通讯排，部队指挥较前大为灵活。

1938年5月，日军以陆海军部队，并配以空军，沿江西至安徽芜湖，旋向铜陵、贵池进犯。另一支部队则沿津浦线由北南下插入安徽合肥、巢县、无为、庐江等地。驻防安庆的杨森部队当即以一三三师开往巢县、无为、庐江等地，阻击日寇继续南下，又以一三四师分驻枞阳和安庆一线沿江岸布防。6月初，日军攻占巢县。杨森下令一三三师反攻，部队利用浮桥渡

杨森陪同国际红十字会的官员到前线视察。

过运河向巢县出击，前进至巢县附近时，听当地老百姓说巢县城墙有一个洞，扛着机枪也可以钻过。师部决定组织两个营的突袭部队于深夜潜入城内，趁日军还在梦中，入城部队一齐开火，打死日军200多人。

接着，日军又增兵两个师分水陆两路向安庆进攻。水路由四艘军舰载海军陆战队在枞阳附近登陆，陆路则沿公路进攻合肥。日军攻占合肥后，杨森令部队在舒城、桐城一线构筑工事，阻击日军向安庆进犯。此时，因守卫合肥的何成浚部提前撤退，敌人由合肥南下，直逼安庆，使安庆腹背受敌。杨森被迫于1938年6月12日放弃安庆，将部队撤到岳西县金家寨集中，后又反攻潜山县，切断敌人的运输线，直打到水吼岭，把日军压进潜山，遂撤往太湖县，然后向汉口撤退。蒋介石对杨森擅自撤出安庆甚为不满，曾电责杨森“轻弃名城，腾笑友邦，革职留任”。后来蒋介石知道事情原委后，又特别拨调进口的捷克武器补充二十军，借以安慰杨森。

1938年10月下旬，日寇占领武汉后，又继续沿粤汉路南

在战斗间隙坚持看书学习，是杨森多年的习惯。

1938年，杨森在合肥察看被日机轰炸后的李鸿章家祠。

下。蒋介石令杨森派一个师驻江西武宁，杨森即令一三三师师长杨汉域率部取道江西修水到达武宁。在罗盘山、棺材山一线，一三三师与日寇激战二十多天。11月初，蒋介石在南岳召开军事会议，对作战指挥系统作了新的调整，作战区域也重新划分。当时湖南和赣西、鄂南被划为第九战区，由薛岳任战区司令长官。杨森的二十七集团军总司令部移驻湖南平江。

杨森在二十七集团军司令部下达作战命令。

抗战时期，湖南是国民政府粮食、兵员及工业资源的重要供给基地之一。第九战区司令部设于省会长沙，中日军队在湘北新墙河一线隔河对峙。长沙是华中战略重镇，为粤汉铁路之要冲和中国战略大后方西南地区的战略要点。当时，中国军队非常重视长沙地区的防御，由第九战区在此集结重兵对抗日军。从1939年到1942年间，日军先后三次大规模进攻长沙，中国军队与日军展开了殊死搏斗。

1939年9月14日，第一次长沙会战爆发。日军第十一集团军司令官冈村宁次指挥10万余人，从湘北、赣北、鄂南三个方向进攻长沙。杨森因急性阑尾炎手术后刚刚拆线，不顾医生劝阻就赶往长沙，率二十七集团军接受保卫长沙的任务。9月27日，杨森派一三四师急行军奔赴南楼岭、白沙岭、苦竹岭一带阻击日军。李麟昭的八〇三团在白沙岭刚布好防御，就与夺路南下的日军先头部队开始交火。战斗中日军一指挥官被击毙，缴获了敌人此次作战的军事地图。了解到敌军的企图后，杨森立即召开军师长会议，改变原来的军事部署，调遣部队由南向北分头抗击敌人。第二天，七十九军和二十军对日第三十三师团发起猛攻，日军遭受重创。但日寇依仗其良好的装备，在空军掩护下强渡新墙河，突破了我军防线，向长沙进逼。杨森令杨汉域率部阻击由通城向长沙进犯之敌，在南楼岭、白沙岭、朱溪厂、龙门、长寿街一线紧紧缠住敌寇，致使敌后援部队和补给

二十七集团军总部设在湖南平江。

运输严重受挫，不得不撤回到新墙河以北原防地。这次会战后，杨森升任第九战区副司令长官兼第二十七集团军总司令。

1941年9月，日军第二次进攻长沙。日军此次的企图，是想在长沙以北地区歼灭第九战区主力。9月7日，日军大规模的机械化部队向大云山进攻。9月8日，大云山祖师殿为日军所占。杨森采取尾击、侧击、截击的战术，于10日克复大云山。此后，日军又突破新墙河防线，直逼长沙。杨森所部利用月黑风高的夜晚，趁敌人熟睡之际，越过河床，将日军营房一百多匹战马牵走，敌人大梦初醒仓促应战，损失惨重。9月20日以后，日军占据岳麓山，向长沙城内猛烈轰击。这时，杨森的二十军等部队在新墙河以南汨罗江以北切断日军后援，并炸毁日寇在岳阳的弹药库，其补给和交通线、通信网也被彻底破坏。我军各部队便陆续从平江、浏阳、株洲等地按照预定计划进入战斗位置，穷追猛打陷在包围圈的敌人，日军遗尸累累，精锐尽失。直到9月30日下午，日军方才突出重围向北逃窜，退回原阵地。日寇企图一举歼灭第九战区主力，摧毁中国军民抗战意志的计划遭到失败。

1941年12月7日，日军偷袭珍珠港，发动了太平洋战争，并向香港发起进攻。为牵制中国军队，日军调集五个多师团，12万余兵力，在第十一军司令官阿南惟畿的指挥下，对长沙发动了第三次进攻。战斗打响时，守卫一线的一三四师四〇一团防线被突破，杨森下令二十军部队在新墙河以南汨罗江以北地区，沿公路、铁路附近山区构筑工事，阻击敌人，以掩护战区主力部队在长沙附近的部署。一三三师在粤汉路附近的傅家桥、下高桥等地与敌人大部队遭遇，顽强阻击，激战了三天三夜，双方均伤亡惨重。一三四师在影珠山、古华山等地对沿公路南犯之敌予以侧击，使日寇在汨罗江以南捞刀河以北地区遭受惨重损失，又一次被迫撤退。于是，杨森又下令二十军和五十八军各部跟踪追击，在修水桃树港攻占日军的兵站和医院，缴获了大量车辆、战马和作战物资。

第三次长沙会战后，宋美龄得知一三三师三九八团二营在守卫傅家桥的战斗中，营长王超奎率部与敌英勇搏斗光荣战死，全营400余人壮烈殉国的悲壮事迹，她非常感慨地在重庆发表广播讲话，赞赏这位抗战英雄："中国只有断头的将军，

杨森（前排中）与二十七集团军官佐在湖南平江长寿街总部合影。

二十军一三三师在第二次长沙会战中缴获的战利品

没有投降的将军，守卫长沙的王超奎就是例子！”当英美两国的代表在长沙参观时，看到长沙守军的简陋工事和武器后，也深表敬意。

1942年8月，杨森到湘北咽喉——岳阳县大云山检查布防。他想到那些死难的将士，决定在大云山刻碑纪念，亲笔题写了“三战三捷”四个大字，并附注解：“倭寇侵我中国，在湘北相持五年，中经大举犯长沙三次，赖民众协力，将士用命，都予击溃。国人正精诚团结，矢志澄清，泐石共勉。”在“三战三捷”刻石下方十米处，还有一块“三捷泉源”石碑，为二十军副军长夏炯所题。如今，这些石刻仍保存完好。

三

抗战期间，关于杨森的话题，还有一些事值得一提。

驻防安庆时，杨森借鉴八路军的“三大纪律八项注意”，制定了“四大纪律十四项注意”。四大纪律是：“决心英勇抗日，服从长官命令，不要人民东西，坚固国军团体。”十四项注意是：“逢人宣传，说话和气，爱惜武器，不当散兵，整

1940年3月，杨森（前排右五）与二十七集团军战地服务队在湖南平江长寿合影。

1940年4月，第九战区司令薛岳（右）与副司令杨森（左）在长沙合影。

洁驻地，买物公平，借物送还，损物赔偿，不乱拉屎，远让汽车，不嫖不赌，自己洗衣，负伤守纪，负伤交枪。”他规定早晚点名时官兵齐声诵读，作为行动指南。杨森在师部还专门设立了政工队，部队休整时，政工队员分赴各团、营上政治课，对官兵进行抗日救国、保土为民的思想教育和教唱抗战歌曲等，以激励官兵的战斗意志。著名作曲家瞿希贤，当时只有十七岁，上海沦陷后，她积极参加抗日救国活动。为了团结抗日的需要，她受中共湘鄂赣特委派遣，到杨森的部队从事政治工作，曾经是一三四师政工队年纪最小的队员。

杨森常说，“打仗，最要紧的是争取主动权”。他发现，日军进攻时，经常采取先用战斗机轰炸，继之以大炮猛射，最后

1944年4月7日，杨森（左二）与部分国际友人在湖南平江合影。

再出动步兵逼近防线的方式。他觉得，对付装备占据绝对优势的强大敌人，要利用其薄弱环节寻找战机，变被动为主动。基于以前在上海和安庆等地的作战经验，以及近年来耳闻目睹和调查研究的体会，在长沙会战期间，他采取敌进我退、诱敌深入的方式，将主力侧移，反抄敌军后方，布下袋形阵地，加以反包围，最后则逐段击破。杨森说，他也曾采用共产党的办法，当敌军进攻时，将部队化整为零装扮成老百姓，待敌人通过后再化零为整，出其不意地进行袭击，使敌人防不胜防，疲于奔命。为迷惑轰炸武汉的敌人空军，杨森找木匠做了几架木头飞机，停在日军必经的安庆机场。日军不知是计，派出机队狂轰滥炸。当敌机进入地面防空火力的有效射程时，一三三师的高射机枪一齐开火，一架敌机当即中弹起火，造成机毁人亡。1940年初，苏联为帮助

1940年代，杨森与湖南平江民众在一起。

我国抗战，派车尔卡索夫上校来二十七集团军担任杨森的军事顾问。在战斗间隙，杨森经常请车尔卡索夫给部队军官讲课，进行战术上的指导。每次讲课杨森都亲自到场倾听，并叫参谋将讲课记录整理后印发给官兵学习，对于提高官兵的的军事知识和作战技能产生了很好的效果。

1943年10月，中美空军混合联队进驻桂林基地，美第十四航空队司令陈纳德任队长，担负轰炸汉口、岳阳和粤汉、津浦沿线等地日军基地及其补给线，协同地面部队作战的任务。杨森令其次子杨汉烈担任对空联络翻译，指示空军轰炸目标。并告诫他："在抗日战争进入最艰苦阶段，盟军不远万里前来援华抗日，一定要加强协作。"1943年底，陈纳德的"飞虎队"进驻湖南芷江机场，参与对日空战。一次，"飞虎队"的一架

陈纳德将军送给杨森的亲笔签名照

轰炸机执行任务后，在返回途中因机械故障，迫降到杨森二十七集团军驻平江的防区境内。杨森得知情况后，立即命令部下，不惜一切代价，奋力营救盟军机上人员，并以优厚待遇将机上人员礼送归队。陈纳德对杨森及其部下的义举非常感动，遂于1943年12月31日给杨森写去一封亲笔签名的感谢信，并附上一张自己的戎装照片。陈纳德写道："杨森将军钧鉴：敝军轰炸机在贵处附近失事，厚承将军营救该机上人员，并赐隆遇，敝军将士闻之均深感奋。谨申谢意，并请钧安！""谨奉纳德近照一张，藉留纪念。"

杨森说："我生平无论到什么地方，都喜欢和老百姓多接触。因为和他们交往，可以获得诚恳真挚的感情，使我有一种与大自然接近的纯洁清新感觉。凡是我部所管辖或驻防的地方，老百姓和我都很熟悉。"有一次，杨森骑马从平江去长沙，途中一户人家小孩发着高烧，喘息很急。他们见杨森策马经过，就大声求助。杨森不懂医术，见人危难之时只好权充医生。他身上仅有一些消炎药片，就拿出来给小孩服用，又用热毛巾敷在小孩胸口。两天后，杨森返回平江，经过那户人家门前时特别紧张，心想，"自己硬充郎中，万一用错了药，那孩子不治而亡，自己将会多么难过。”没想到那小孩的父母一听到马蹄声，便跑了出来，连声感谢杨森的救命之恩。进屋之后，见小孩果然康复，已经能够下地行走，杨森才如释重负。杨森在其《回忆录》中还写道：“回首当年，最最令人怵目惊心、心酸难忍的，还是那些义不帝秦、死且不畏的大批难民群。”在阳朔、平乐、荔浦一线驻防时，每天都有难民潮水般涌来，杨森在部队自身给养都非常有限的情况下，想尽办法为他们提供一些饭食茶水，还抽调一些车辆运送病弱妇孺。

杨森说过，“没有老百姓的政府，正如没有部队的司令官一样，他能办得成什么事情呢？”抗战时期，许多后方城市，都成立了抗敌后援会。杨森觉得，前方的民众也应当组织起来，支援部队，“军民一条心，共同抵抗敌人”，才能取得胜利。杨森二十七集团军总部驻平江县长寿街时，成立了民众组织训练委员会，他自兼该会主任。为了强化基层组织，他规定平江、浏阳两县大小乡镇，选派男女中学生各一名，参加训练，期满后回乡担任“准保甲长”。当时湘北疟疾流行，杨森想办法采购了一批奎宁，让学生发给所在区域的居民，有病治病，无病备用，使当地群众深受感动。那些青年学生牺牲学业，深入基层做了大量组织发动工作，在平江、浏阳两地成立了许多群众性的战地组织，如担架队、情报队、搬运队等等，并与军队进行了有针对性的配合训练。在长沙会战中，这些基层群众组织发挥了很大作用。国民政府军政部对此很感兴趣，专门到平江拍了一部杨森怎样组织训练民众的纪录片，拷贝到各战区放映，为其他部队提供参考。

我家的抗日故事

孙建秋

今年全世界都在纪念世界反法西斯胜利70周年，我也说说我家的抗日故事。

我们家父母双方都有亲人参加了抗日，一个战斗在太行山上，一个翱翔于驼峰航线，为反法西斯战争贡献了各自的力量。

舅舅吕东滨

先说说母亲吕锦瑗这边。母亲是山西交城县成村人。她的弟弟，我舅舅吕东滨，1934年毕业于铭贤中学。初中高中六年，他一直有位要好的同班同学。这位同学叫侯维煜，思想进步，高中毕业去北平考入了北平文化大学，解放后担任过中央党校副校长。我舅舅从铭贤中学毕业后留校，在铭贤小学部教书。后来因为参加科学家大同盟，因“通共”嫌疑，被迫离开学校。1936年他来到北平考入了东北大学，投身抗日救亡运动，成为东北大学的学生领袖。就在此时，他加入了中国共产党。当时他的两位姐姐都在北平。

姐弟团聚自然高兴，但是战争局势让他们心情沉重，让他

吕东滨、吕锦瑷、吕锦玉（左起），1937年在南京新街口国耻纪念碑前。

舅舅吕东滨（左）与侯维煜（中）、宋洁寒

们没想到的是，这竟成了姐弟三人相见的最后一面。七七事变后，形势丕变，不久舅舅就告别两位姐姐，回到山西，投入抗日活动。当时同蒲铁路已经中断，舅舅历经千辛万苦，几经辗转，绕道山东才回到山西。

据铭贤校友、外交家黄镇同志的妻子朱霖回忆，“东滨回到他热爱的太谷铭贤中学，在礼堂的舞台上向同学们演讲，痛斥日本侵略罪行，号召学生奋起抗日。吕东滨是第一位把《义勇军进行曲》带到山西的人，点燃了同学们心中的抗日烈火。在礼堂舞台上，他指挥着同学高唱，‘中华民族到了最危险的时候，每个人被迫着发出最后的吼声，起来，起来，起来！’洪亮的歌声激动着青年学生们的爱国热情，大家跟着他，一起上了太行山，参加抗日游击队。”

表妹，舅舅的遗腹女杜英，2011年收到原四机部副部长石玉英的儿子倪永明的信，信中说：“一个吕东滨，一个侯维煜，是母亲石玉英的革命领路人。当时她们还是铭贤中学的初中生，而你的父亲已是大学生。向她们传播抗日救国的思想，组织她们参加了民先组织。你父亲很活跃，有组织能力，能团结群众。”王大任（山西省委书记）的妻子师德清，以亲切的语气回忆吕东滨，说他“是个艺术人才，爱讲笑话，会演讲”。曾任总参测绘局政委的刘增钰回忆道，“吕东滨有才华，什么都会做，走到哪里人们爱围着他，听他讲话，他讲话很吸引人，特别风趣，人称‘才子’。他很活跃，在晚会上变魔术把乒乓球变没了，大家以为他吃到肚子里去了。他的表演艺术才能和艺术气质，为单调的部队生活添加了很多乐趣，活跃了日常气氛”。

舅舅的名字因与八仙过海中的神仙之一“吕洞宾”谐音，

还得了一个“神仙大哥”的雅号，反正老百姓爱听他讲，相信他的话。东滨舅舅又属理工男，高中时念过化学，喜欢搞科学实验，在山上困难时期还试制过炸药。抗战八年，在河南、山西、河北交界地区，哪里地方工作薄弱，就把他派到哪里。那时敌伪势力嚣张，边界交错，他常常须隐去真实身份，化名开展工作。例如，在担任中共河南省安阳县委书记时，就曾化名杨顺天、王志富，以教员的公开身份做掩护，开展地下工作。由于多重化名的缘故，至今我家这位隐身人仍有许多事迹不为人知。

吕东滨在1938年任独支队政治部主任，1942年后任太行六地委秘书长及党校校长等职。抗战胜利后，1946年1月舅舅又被派去担任了晋东合作总社社长，负责根据地的经济和工业发展。

抗战期间，我们家流亡在四川，战争隔断了与舅舅的所有联系。小时候外婆哄我睡觉的摇篮曲，常常是重复的几句，我牙牙学语之时，以为是“百八年，王二贵……”，其实是“白发娘，望儿归……三更同如梦，两地谁梦谁……”直到1950年外婆孤身跑到北京，才探知舅舅已经牺牲。带回来一张烈属证和分给烈属的三亩田地的证明。外婆非常伤心，她终没能等到儿子归来。舅舅被安葬在山西左权县烈士陵园，一座一人高的墓碑，述说着他的故事：

东滨同志山西交城县人，现年32岁，出身贫寒。14岁赖亲戚资助，肆业太谷铭贤中学。19岁参加社会科学家联盟，开始革命活动。毕业后在母校附小执教，因革命嫌疑被逐，22岁赴北平，入东北大学，参加学生救亡运动，成为东大领袖之一。乃于是年正式参加中国共产党。七七事变后返晋，任中共太谷县委时，日寇进犯太谷，群情惶惶，东滨同志偕铭贤同学，组织当地农民，成立太谷游击队，揭竿抗日，人心稍安。1938年任独支三大队政治主任，华北干部学校政委。39年与苏玲同志结婚，翌年任支队团政治主任。41年任中共安阳县委书记。1942年后任太行六地委秘书长暨党校校长等职。今年1月担任晋东合作总社社长。

东滨同志青年有为，正期为党为国更多建树，孰料于9月21日，因主持和顺古窑煤矿开工，汽锅突然爆炸，身负重伤，医治无效，延至23日上午10时，竟不幸逝世于晋东医院。同时遇难者尚有该矿经理段连寿，会计李森茂（均系共产党员），张柏林，暨技师工人民众等15人。如此不幸事件，实为我解放区建设时期中巨大损失。

东滨同志在革命事业中坚定勇敢，联系群众，作风民主，秉性忠诚，勇于追求真理，喜研科学技术，富创造性。临终前犹叮嘱同志们继续开发古窑煤矿。在长期工作中，热情积极，从不稍懈。伤痛频危时，尚指示总社工作甚详。方今蒋美凶焰，党国多艰，晋东未容高枕，特勒铭数语，以示来者。

铭曰：

东滨同志，因公捐躯。壮志未遂，万众觑欷。

党国事业，中途多艰。愿我生者，勇往直前。

太行第二专区党政军民各机关团体　敬撰

山西左权烈士陵园，吕东滨墓碑矗立在烈士亭中。

姑父丁振亮

再说说父亲孙明经这边，也有故事。

我们祖籍是山东掖县夏邱堡槐树里头村。村里农民老孙家传到孙廷铜这一代，他跟儿子孙世兴在槐树里头东街自家院子的西院里修了一座结结实实的两间大瓦房，办起一所学校，叫崇德小学，供本村孩子上学，因此在这一带小有名气。孙世兴生了一个女儿和五个儿子。长女孙龄从掖县城北招了上门女婿宁士同，就在这所小学教书。孙世兴的长子孙喜圣所生的儿子，后来成了电影教育家孙明经，就是我父亲。老四孙希文（后来在平原胶济铁路当工程师）生了个女儿孙明俨，是我姑姑，高级护士。抗战期间，迁到四川，姑姑嫁了个飞行员，名叫丁振亮。这些年，我和姑姑隔着海峡常在电话里聊天，姑姑命大，前年，活到一百岁高寿时我想送个礼，以为她惦记咱们山东煎饼什么的。就在电话里问姑姑："姑姑，咱们山东老家你最想的是什么？"

电话那边传来她激动的声音："哎呀呀，我的那两坛子咸鸭蛋啊！每一个都是我精心挑选的，个儿特别大。还没有全腌好，可惜一个都没来得及吃。下命令就撤走了。"

过一会又会说："我弟弟，你们的叔叔孙明善（后成为地质学家），他对石头、浆灰感兴趣，喜欢用石灰做皮蛋。可惜弄来弄去，一次松花也没弄出来。"说着格格地笑了起来。我跟姑姑之间有一种特殊缘份，建立在四川大后方，因为在重庆、成都经常和姑姑一起跑警报。当时空袭警报（一长二短）响起后，市民被要求立刻进防空洞。

明俨姑姑上扬的眉毛也遗传给了孩子们。

“你爸爸常常在外面拍电影、放电影、出差，你妈妈领着你姐姐，你就喊（她模仿着我当时叫‘姑姑’的声音，一声声好像杜鹃雏鸟待哺的啼鸣）：‘咕咕，咕咕！’我就拉着你往防空洞跑。你还记得吧？” 我才一两岁，自然是记不得了。她说得很具体，在防空洞呆了多长时间，喝的什么汤等等。我外婆坚信姑父丁振亮会把鬼子飞机打掉，所以大多情况下不躲警报。到了吃饭时间，还会找人往防空洞送冬瓜汤。

每次姑父他们去执行飞行任务，飞行员家属都挺紧张，但大家都忌讳说。我姑姑天生长了一副上挑的眉毛，显出一股子乐观自信的样子，很有感染力，她的眉毛上挑的这种眉形也遗传给了几个孩子。

“姑姑，你还记得老家么？”

丁振亮在轰炸机上

“什么都记得。平原老家我们铁路职工宿舍，天晴的时候，我妈妈喜欢坐在院子里槐树底下纳鞋底。一派和平景象。宿舍是平房，白墙红瓦，可好看了。门口有三块大石条的台阶……”一砖一石她记得可清楚呢。

1937年抗战开始时，中国空军非常弱，尽管飞行员的技术、毅力和智慧都很高，但由于飞机装备性能差，飞行员损失很大，所以国家急需飞行员。热血沸腾的青年纷纷去投考杭州的笕桥航空学校。姑父丁振亮也偷偷瞒着家里去报考了。后来故事多多。有一次在长江上轰炸日本军舰时，几架日机从后面包抄过来，近距离扫射，飞机着火，机长宣布弃机、跳伞，真是九死一生。姑姑的儿子——我的几个表弟丁正（德克萨斯州立大学物理教授）、丁度（数学教授）、丁伟（生意人）等，常常给我讲姑父空战的故事。丁伟应我要求，还把家里的相簿委托我派去看望姑姑的的人捎回北京，以方便我翻拍。

姑父丁振亮能驾驶各种机型的轰炸机，有时是P-40，有时是苏联的索月絮（女孩的名字）。在B-25上他是副驾驶，负责领航、投弹，要测风速、高度、方向等等，还负责操纵重机枪。机上的那几根黑色管子，就是重机枪，能射1000米。正驾驶受伤时，他就得全面掌控飞机。为了切断日本从缅甸的进攻，他们空军派去了一个航空中队（16架飞机）到印度，基地设在卡拉奇。后来他发给我一张照片，我一连问了好多问题。他通过电话给我讲述了下面照片的故事。

“在印度的这两年（1942—1944）是我人生中最辉煌的一段。” 姑父丁振亮晚年常骄傲地说。飞驼峰航线危险很大，天气恶劣，能见度低，机内都是弹药和汽油，稍不谨慎便机毁人亡。 驼峰航线是指二战时期中印战区一条连接中国昆明与印度阿萨姆邦的航线，因形如驼峰而得名。姑父说叫“驼峰航线”还因为气流变化大，巨大波浪形状有如驼峰。在这条气候恶劣的航线上，加上地面敌人的高射炮，中美两国牺牲的飞行员人数众多。晴天时，从飞机上可望到驼峰航线下面一条长长的“铝谷”，蜿蜒曲折，银光闪闪，那是由几百架坠机的碎片铺成的。照片中我姑父身旁的两位学员，拍了这张相片以后去执行飞行任务就没回来，牺牲在航线上。姑父执行飞行任务时，脖子上总得围一条白色的丝巾，上面是缅甸及喜马拉雅山地

丁振亮与机组成员在B-25前留影。

图，便于颠簸或风大时随时拿起来看，或万一坠机时能方便及时辨别自己的位置。这条丝巾现在装在姑姑家的镜框里，留做纪念。

合影照片的背景是架B-25轰炸机，比驱逐机大三倍，能载一吨重的炸弹，有两个螺旋桨。照片里飞机前面坐在地上第一排中间的是美国机长雷伊·霍杰斯（Ray Hodges）。他飞行技术精湛，经验丰富。他是个左撇子，习惯性地用左手握着军用水壶。我发现他腰带靠左手边有个皮制的弹药袋，“哎，袋子上怎么还有两个洞？”姑父说，“那不是洞，是两只扣子，远看像是洞。飞行员们一般情况下身边并不需要弹药，因此弹药袋会用来装口

B-25机鼻上的黄鼠狼图腾。

香糖和巧克力之类的小食品，这在当时非常普遍。”

表弟说，他问过他父亲（我姑父）当时日本飞机给他们带来怎样的危险，姑父轻松地说，“危险不大，因为我们掌握了制空权”。这当然是安慰孩子的话。后来知道危险还来自其他方面，地面上日本高炮凶猛疯狂的射击即是其中之一，特别是低空飞行时。我看着照片，最好奇的是飞机上的图案，因为不像传说中的飞虎。“他们是中美航空飞行大队，又不是美国的飞虎队。”丁正弟弟解释说，他曾见过姑父设计的好几种图案，他们飞行员确实喜欢自己搞设计。但这幅图案是华特·迪斯尼设计的。机鼻处的绘画体现出一种美式幽默。二战期间机鼻画很流行，展示了美国飞行员的想象力和风趣。这幅图案里的动物不是龙，丁正弟弟小时候一度把它当成了松鼠。

“你猜猜是什么？”

“猜不着！”

“就是只黄鼠狼！”

“是那种会放臭屁的黄鼠狼吗？”

“正是！网上有种押韵的顺口溜叫做‘喷好、祈祷（Spray & Pray）’，喷绘内容并不重要。是为纪念中国在印度作战，这种喷绘艺术代表祈求平安之意。”丁正说，记得他父亲的飞行皮夹克左胸前也有B-25机鼻上这种黄鼠狼图案，可在小朋友眼里就认为是小松鼠了，习以为常，从没问过是什么意思。

看着照片，我的问题还是不少：

“一架飞机怎么配备这么多飞行员和机务员啊？”我问。

“照片后两排站着的是中国卫兵，他们的职责是守护飞机。”他补充道。

姑父丁振亮在第二排中央。他因为英文好，有空战经验，属于第一批接受B-25飞行训练的学员，然后由他再帮助美国飞行师培训下面的几期学员。由于空战激烈，牺牲很大，据说，第二期的学员后来全部壮烈牺牲。姑父1949年以后去了台湾，活到九十多岁，姑姑今年春天离世，享年一百零二岁。

父亲亲历“地道战”

高石英

观看电影《地道战》的时候，我父亲高万芳不时会指出哪些地方不够真实，他说现实远比电影里残酷。抗日战争时期，父亲亲历冀中平原地道战，带领白洋淀一带的军民与敌人进行艰苦卓绝的斗争。当地百姓有“跟着大高（高万芳）打鬼子”的口头禅。

地道战是鬼子逼出来的

抗日战争时期，我父亲先后担任河北省任丘县第五与第六区、鄚州区党委书记，以及任丘县武装部长。这一带为冀中平原，鬼子频繁“清剿扫荡”，父亲带领军民从地下寻找掩护，发动家家户户挖地道，跟鬼子打持久战。

最初挖的地道为直筒式，仅能藏身，且易被敌人发现，后改造为地下连通的。那时，每个村都发展了三到五户绝对保密的堡垒户。我奶奶家就是这样的堡垒户。组织上的人到家里来接头或者开会，裹着小脚的奶奶就坐在门前纳鞋底，听到什么动静，就赶快跑回家报信，让同志们从地道里撤离。奶奶家的

我奶奶刘婵，抗战时是地下交通员。

地道就经过多次改造，锅灶下、炕洞中、地窖下、水井中，到处藏着地道口，隐藏得很巧妙，里面的构造也越来越复杂，能吃住、开会办公，还能掩护撤退。

日本鬼子进村“围剿”，发现地道口就火烧、烟熏、水灌，还放毒气。听父亲讲，我方就巧设一些假洞口、半截地道、上下双层地道，还在死洞上面铺上新土，真真假假，跟鬼子周旋。父亲说，其实那时候本乡本土的汉奸熟门熟路，破坏性极强，很难对付。“打鬼子得先除汉奸”，组织上经过研究，决定瞄准其中一个势力最大的汉奸下手，先设法控制住他手下一个亲信，探准他的行踪，然后父亲亲自带着两个人，乘

父母年轻时的照片。我妈妈郑丽君，小时候给人当童养媳，抗日时参加革命，十八岁就是妇女支前队长。后来，她在党组织帮助下解除封建包办婚约，嫁给了我父亲。后来跟随父亲参军，解放后长年在街道办事处工作。

这汉奸去会他的姘头，半夜里摸到其姘头家床头，收拾了他。

鬼子没人性，实行“杀光、烧光、抢光”的“三光”政策。父亲就带着人去埋地雷，切电线，断路，炸桥，端炮楼，打完就钻地道藏起来，神出鬼没。根据战时实际，他们后来又把民用藏身地道和作战地道分开，设上了瞭望孔、射击孔。常常是鬼子白天祸害老百姓，他们就夜里出动杀鬼子报仇。

我父亲说，群众中出天才。他们把地道主干道和许多分支道连成网，天天跟小鬼子打拉锯战。父亲在白洋淀一带深受百姓爱戴，他当了区委书记后才配上自行车，不管他骑车进了哪个村，都有群众忙着把留在土路上的车辙印扫掉，保护他免被敌人追踪。

当年，冀中抗日名将、任丘县县委书记李光荣很器重我父亲，夸他指挥作战脑子活，能以弱胜强。后来上级给我爸配了战马，他就骑着这匹马无数次指挥反“扫荡”，也无数次逃过敌人的追杀。这匹马的旧鞍被我爸视为宝物，一直珍藏至今。父亲最心爱的“三八搂子”手枪，就是李光荣送给他的。我妈妈郑丽君当年是妇女支前队长，就是李光荣叔叔的爱人李风阿姨介绍给我爸爸的，这算传奇中的浪漫吧。我成年后曾回过白洋淀，乡亲们特别热情，还带我去看当年被我父亲炸掉的半截鬼子炮楼。

大字报封住了家门

“文化大革命”伊始，在一所军事院校工作的父亲成了执行“资反路线”的“走资派”。我清楚记得，

父亲高万芳授衔后的留影

1965年的全家福。中间是爸、妈和奶奶。右一是我哥哥高昆，右二是我大妹高祁英，左一是我，左二是二妹高落英，中间是小妹。

自己参加红卫兵大串联从北京回家，发现马路有多宽，我爸名字就在地上有多大。踩着自己老爸的名字回到家，又看到家门上满是批斗父亲的大字报，我顿时觉得天塌了……

造反派们把档案室的资料全部拆开，堆得跟小山一样，让父亲和几位老首长站在跟前低头认罪。造反派的人上前给我父亲

父母晚年在寓所合影。

“叭”一嘴巴，“唰唰”几下就把他的领章、帽徽撕下来，然后就把那些材料一把大火全烧了。那段时间，从不吸烟的父亲卧室里整天浓烟滚滚，难以想象，他心里忍受着怎样的挣扎。

我老奶奶受不了那种侮辱，自己从家沿着老百姓的庄稼地出走了。当被部队派出的人找回来时，老人大哭：“打鬼子熬过来的一家人，怎么就成了‘反革命’？”那时候，广播里成天播放“打倒高万芳”的内容。当年的抗日英雄却被批斗，被勒令扫大街、扫厕所、挂着牌子游街。我记得，父亲曾被戴上一顶一米多高的帽子，倒在地上跟家里的床一样长。

父亲平反后，家里天天来客不断。当年斗他给他一嘴巴的人，到家里敬着军礼哭着请求原谅。我亲眼看见父亲为押他游街的人擦眼泪，留批斗他的人吃饭。由于一视同仁，保过他、斗过他，原本势不两立的人们竟没了界限。

给农民工看电视

父亲一直对我们兄弟姐妹严格要求。我就曾经因为“搭便车”被父亲批评。当时父亲在单位是副政委，要出差下基层，我也跟着上了车，并要求司机拐弯将我送至公交车站。父亲出差回来后，对这件事很生气：“车是办公务用的，你想上就上，这合不合适？你还随便指使司机为你拐弯，想没想过司机的感受？”父亲要求孩子们不能有丝毫特殊。

“当年平原作战，全靠家家地道、人人掩护才活下来。”父亲说。他一直对老百姓有着深厚的感情。父亲曾经穿着一件新毛衣出门，正碰上一位农民拉着一地排车豆腐，结果下坡的时候那些豆腐盒子都往下滑。我爸一边叫停车，一边冲上去用身体挡住滑脱的豆腐。他因此扭了腰，新毛衣全湿透了。但是我爸觉得值：“老百姓要靠这些豆腐过日子。”

有一年，我家住一楼，附近有民工正在施工。一位民工把被子挂在我家院子晾晒。爸瞧见被子上破了一道大口子，就让我拿着针线和补丁给补上。每到晚上，发现总有一些民工在客厅窗外探头，原来是隔着窗玻璃看室内对面的彩电。爸就让孩子们每晚轮流值班不准睡觉，把农民工请到家里看电视，坐得满屋都是人，等民工散尽了，才关电视。

晚年的父亲曾想背上粪筐到马路上拾粪，可是城市的马路无粪可拾。他就到路口转悠，“我还能给人们带路、指路。”父辈们留下的精神遗产，将永远激励我们。

飘泊西南间

——中山大学迁移云南澄江的一组旧影

居 然

70年前的抗战岁月中，包括中山大学在内的各大高校曾迁徙流离于大西南，其情其景在历史长河中渐行渐远，湮没殆尽。近期，随着一组旧影被发现，中山大学迁移云南澄江办学的情景才得以复原，重现当年的艰难困苦。

笔者有幸寓目原为中山大学校友刘维屏先生存藏的一组旧照。内容为集体合影、个人小像以及友朋题赠。原存者自藏的均无题识摄于何时、何地及影中为何人，而朋友赠送的小影则背书有“赠维屏”“赠刘维屏”，因此可以确定其姓名。

这组照片的师生合影中，每张背景都可以看到“中山大学”字样。其一有“中山大学工学院建筑工……”，可知此处是“中山大学工学院建筑工程系”校址所在。另一张背景有“国立中山大学工学院开……”，应该是开学典礼的会标。右侧已残缺的标语上有“胡德元”等字样。胡德元是民国时期著名的建筑工程师。1932年，勷勤大学在广州创办，建筑工程系同时设立，林克明为首任系主任，日本东京工业大学毕业的胡德元出任教授。1938年，因战争形势所迫，勷勤大学被裁撤。工学院并入中山大学。胡德元受命于国难之际，将建筑工程系完整地带入中大，并任系主任。1952年，因院系调整，建筑工程系并入华南工学院，即今华南理工大学。结合文献记载，可以确定这是一组中山大学工学院建筑工程系迁移云南澄江办学的旧影。照片人物最多的这张，有可能是建筑工程系全体师生的合影。

1938年10月，广州沦陷前夕，中大奉命搬迁。时间仓促，校址未定，10月中旬迁广东罗定，11月中改往广西龙州。时任

图1 从背景的“中山大学工学院建筑工……”字样看，此处应是“中山大学工学院建筑工程系”校址所在。

图2 从照片中“国立中山大学工学院开……”的字样判断，或许是开学典礼时的合影。

图3 通过背后的字样和人数判断，这应该是建筑工程系全体师生的合影。

中山大学校长的邹鲁与原法学院院长邓孝慈商定后，决定改迁云南澂江（今作澄江）。澄江距昆明仅56公里，交通尚属便利。各路师生闻命，以云南昆明为行进目标。从罗定出发溯西江而上且已到广西龙州的大部分师生，由镇南关（今友谊关）到越南同登，转河内，再乘滇越铁路火车至昆明。另一小部分学生进入广西柳州之后，步行至贵阳后转至。同时还有少数学生由广西百色步行入云南，经开远到昆明。坪石的学生，则经衡阳步行到贵阳后转至。由香港动身的师生，乘海轮从越南海防登陆，经河内转达昆明。当时参与运送图书的杜正权先生绘制了一幅行程图，并有《西行志序》记述间关流离的情形："使命：护送图书、脱离险境，由广州运至云南澄江。行期：自中华民国二十七年十月二十日零时三十分至二十八年二月二十二日下午五时三十分，凡一百一十五天。行程：经过广东、广西、云南、香港、安南（今越南），停留十八站，凡一万一千九百七十余里。行侣：离广州时，同行者中大图书馆同仁及眷属四十三人，中途离队者十四人，受重伤者一人，到达目的地时仅二十七人。交通：步行、滑竿、骑马、公共汽车、自用汽车、货车、火车、木船、太古船、邮船、飞机。饮食：餐风、干粮、面摊、粉馆、茶楼、酒店、中菜、西餐、甜酸苦辣。起居：宿雨、泥屋、古庙、民房、学校、衙门、客栈、旅店、地铺、帆布床、木床、铁床、钢床、头二三四等大舱、天堂地狱。"全校师生员工从1838年10月10月19日至1939年2月底，辗转到达澄江的各院系共教职员工245人（校本部人员未计在内），学生1736人。各院系安置之后，3月1日开学。之后，又相继从其他学校转入了部分学生。

从与这组旧照同时流散出来刘维屏写于"文革"时期的交

图4 大学时代的刘维屏

代文稿中得知：刘维屏，江西吉安县人，出生于汉口，1938年从重庆大学转入昆明西南联合大学工学院土木系，于1939年转到澄江中大工学院建筑工程系。从图2右侧已残缺的标语中揣测，这些照片有可能摄于开学后的某个有意义的日子。

中大迁移到澄江之后，各学院院址分散，主要利用庙宇等公共建筑。文学院分散在城内的文庙、凤麓小学、玉光楼及观音阁等五处，城外的斗母阁与翠竹庵等二处。法学院设在澄江县属第二区和备乐村，共用庙宇十间。理学院分散在东浦

图5 刘维屏与学友室内小影，正是学习条件艰苦的写照。

乡、大仁庄、东山村、东龙潭等九处。工学院设在澄江城外金莲乡、梅玉村、中所乡，计院舍九处，另租民房作为教授及女生宿舍。农学院设在鲁溪乡玉皇阁、吉里村关圣宫、洋潦营村下寺、关圣宫、上寺、鲁溪营下寺、洋潦营风台寺等处。医学院设在小西城关圣宫、三教寺、县城南门处火龙庙、县城南门楼，小里村下寺、城内玉光楼、城西土主庙。师范学院分散在城内玉皇阁、建设局、极乐寺及北门外五灵庙。工学院分散在澄江城外的金莲乡、梅玉村、中所乡，计院舍九处。

与当时不少迁移到西南地区的学校不同，中山大学不待抗战结束，在澄江办学年余就回迁到粤北。这其中有特殊的原因。据校史记载：1940年春，教育部长、CC头子陈立夫到澄江中大视察，找了CC派的一些教授、学生去昆明策划“倒邹（邹鲁）”运动。中共地下组织权衡之后支持了地方实力派，由“青年生活社”负责人罗培元、李文浩等人组织，与CC派

图6 刘维屏与两位同学的合影，背后是亚热带植物。

图7 学友聚会留影，背后的农民好奇地注视着他们。

学生进行斗争。较量结果还是邹鲁的亲信、代理人肖冠英被迫辞职。在重庆患病的校长邹鲁也于1940年4月向教育部辞去校长职务。中大校长一职很快转为陈立夫与朱家骅之间的明争暗斗。中大师生以保持中大学术自由的传统，反对政治色彩浓厚之人出任校长。陈、朱争持不下，教育部遂任命许崇清为代理校长。此时，在临时省会韶关的广东当局认为广东局势已较稳定，本省及湖南、江西等邻省学生入大学困难，提议中大迁回粤北。国民党元老派、文化教育界进步人士均支持中大迁回。1940年8月，许崇清亲自主持学校搬迁，分驻于韶关、梅县和砰石等地。

中大学生大多为广东籍或华侨。迁校到穷乡僻壤的澄江，对比原来在广州的生活，可谓天壤之别。广州陷落后，不少学生家产荡毁，经多方筹措，始能来澄江就读，只能依靠少量的战时学生贷金度日，困苦可想而知。战时物价高，特别是米

图8 林间野炊

价，经常威胁着师生员工的生活。国难期间的异地办学，受到图书资料、仪器设备等条件限制，开展教学与科研活动甚为困难。广大师生体念时艰，尽力利用当地条件，因陋就简。当时有报告记载："各教室所用桌椅，均以木作柱，其上横直一板为台，以土砖作基，其上横置一板即为凳。每桌四尺，按教室的大小而定。宿舍内床铺均用木制辘架床，自修时转用他面。"这组照片有一张刘维屏与学友的室内小影，正是学习条件艰苦的写实。

一直安静闭塞的澄江，因为中山大学师生带来的文化之风而热闹一时。学生文化生活颇为活跃，各年级有集会，还组织了许多社团，有"民风剧团""粤声音乐社""青年生活社""政治学会"等。这些社团常于假日，组织同学从事抗战宣传、兵役宣传、寒衣募捐、节约储蓄、劳军义卖、卫生防疫等活动。其中以"青年生活社"影响最大。歌咏队聘请师范学院音乐教授马思聪为指导，教唱《战歌》《战士们冲啊》《让我们》《八一纪念歌》等歌曲。戏剧组先后编排演出了《纸老虎》《张家店》《林中口哨》《日出》《流寇队长》《北京人》《钦差大臣》《原野》等剧目。此外，还不时举行球赛、联欢晚会和短途旅行等活动。1939年夏，"青年生活社"在抚仙湖畔组织了中大同学夏令营活动，游泳、爬山、演讲，丰富多彩。学生在岭间林地野炊的照片，锅台用几块石头随意垒就，锅上冒着热气。学友闲聊之时，不失笑意，可见那时艰苦岁月中却不改生活的情趣。

1989年：大西北采风记（上）

王秋杭

1989年我以中国摄影家协会会员和几十张获奖证书的资质，调到了杭州市文联，经过摄影家协会会员代表大会选举，接替了退休了的杭州市摄协老秘书长庄熙的职位，主持协会日常工作。而协会工作的重中之重就是组织会员创作，我走马上任的第一把火，就是组织会员进行了一次西部采风，总共有十一名会员加盟。

那时候协会公章很管用，只要会员报名，协会开一张证明，即可向该会员所在单位请创作假30天，单位一般都会同意，因为费用一切自理，无需单位负担。方向是西部，但具体路线尚不确定。我打算一站一站走，走一站大家合计一下，再往前走。最理想的终点是敦煌，第一站则是西安。

临别时，老秘书长庄熙召集我们开会，依依不舍地说："虽然此次不是去旅游，又是大家自费，所以不要搞得太辛苦，有条件还是尽量吃好一点，住的也不要太差，安全是第一位的。"

出发那天晚上，在杭州火车站集合。大伙儿一律长枪短炮，外带三脚架、旅行袋、摄影包。包括我老婆在内的不少人的家属都前来送行，有点儿悲壮。车到上海是半夜，换乘上海到西安的直快硬座，要两天两夜。那时的火车，情况跟“文革”大串联没多少区别，不但没有吃的供应，连热水都没有，有的会员就用车上的自来水泡方便面。我实在看不下去，因为我年龄最大，只好咬咬牙，在一个大站的月台上买了只烧鸡犒劳大家。到了西安，我提议吃当地的特色担担面，大家说好。我们就来到车站附近一家担担面馆。每碗五毛，碗有小脸盆那么大，面有皮带这么粗，而且辣得呛人。吃到一半只听“咚、咚”两声，我回头望去，只见两位会员重重地放下碗筷，招呼也不打出门去了。我以为他俩有什么要紧事要办，也没在意。可等大伙儿都吃完了，左等不来右等不来，我急了，招呼大家在面馆门口不许离开，我独自一人到处去找。我估摸着这二位

笔者和王和平在枣园毛主席的窑洞前合影。

延安附近的窑洞群

爷大概是吃不惯担担面，吃别的馆子去了。果然在附近一家大饭店找到了他俩，正点了好几盘大菜在那里狼吞虎咽呢。我正想板起面孔训斥，“庄秘书长讲过的，有条件可以吃得好一点的。”他俩道。我的心立马就软了。是啊，两天两夜没正儿八经吃顿热饭菜了，我还带他们吃担担面？我是北方人，他们可都是地地道道的南方人啊！

这支队伍肯定是没法儿带了，于是当晚我就想了个主意，兵分两路，自愿选择。一路目的地是敦煌，另一路目的地是陕甘宁革命老区。我估计大多数人一定会选择敦煌，果然，最后表决时十一名会员当中有九人选择了敦煌，只有我和另一名会员王和平（外号“小洋马”，是我当年支边黑龙江时一哥们“大洋

黄河之水天上来。

马”的弟弟）选择了陕甘宁。其实我早有自知之明，自己不是干组织工作的料，为了避免矛盾才兵分两路的。在那去敦煌创作的九名会员中，我指定了两名协会理事分别担任正、副组长，我还召集他俩开了个小会。会上他俩告诉我，他们九人中多数认为好不容易出来一趟，不能太委屈自己，有的会员居然怀揣一万元现金打算在路上消费。而且他们提出，为了贯彻庄秘书长临别会议上“安全第一”的指示，一路上基本选择在县城以上的城镇落脚、住宿，偏僻、危险、人少的地方尽量不去，让我尽管放心。在西安，我带大家共同游览了秦始皇兵马俑、华清池、兵谏亭等名胜古迹。休整了两天后，把他们送上了西去的列车，我和小洋马便登上了北上的长途汽车。

从西安到延安

长途车一早从西安驶出，很快就上了盘山公路，两边的悬崖峭壁越来越陡，越来越高……当崖壁上巨大的“雄关”二字映入眼帘时，我才深深感受到何谓“一夫当关，万夫莫开”。当车驶上山脊时，两边的白云开始在脚下飘动。一望无际的黄土高原很快激起我的拍摄欲望，几次从包里掏出相机，但终因车速太快而不得不放弃，只能望景兴叹。然后便是窑洞、羊群、骡马车……车到延安，天已擦黑，宝塔山、延水河都被夜色吞没了。我拿出协会介绍信在一家招待所登记住下，到街上跟小洋马每人吃了一碗羊肉面后，马上回招待所给妻子写信。因为临走时答应她每三天写一封信的。

“文革”大串联，我和班里的红卫兵一起来过延安。记得最清楚的，就是当年延河边插着一排排红旗，一车车红卫兵举着红宝书、高唱着语录歌来到河边，下车后以宝塔为背景，以

原生态的壶口瀑布

延河为中景，纷纷排队在延河边拍摄集体照。那时的宝塔那样高大，延河水那样清澈……

第二天天刚亮，我们便长枪短炮、全副武装出发了……可是，一到延河边却傻眼了：整个河床是干枯的，黄褐色的床底完全裸露，只剩一条细细的小水沟。我们急切地顺着延河边走去，终于见到了宝塔山和宝塔，看上去也没有以前那么雄伟、那么高大了。理想中的延河畔、宝塔山的照片是无法拍了，我和小洋马又奔向枣园。没想到城里居然没有到枣园的公交车，我们只好在离枣园最近的公交车站下车，然后步行了好长一段路。我简直不敢相信这一切会是真的，因为反差太大了。“文革”红卫兵串联时，每天有好几趟红卫兵专车把我们一批又一

笔者在壶口

从壶口到宜川途中。

批送到这里，整个枣园也到处是毛主席像、红旗、横幅、标语和高音喇叭，人如潮、歌如海。如今要走好几里路不说，到了枣园冷冷清清，居然没有一个参观的人。毛主席住过的窑洞空空荡荡，窗户纸还是破的。不过我倒觉得这番景像更接近当年战争时期的真实景象，因为那个年代不可能插那么多红旗，放那么多高音喇叭。在这样偏僻、艰苦的环境中还能坚持革命，信念确实是令人敬佩的。但像“文革”时期搞得天天像过节那样反而失去了枣园的本来面目。离开枣园，不知为什么好像一下子失去了目标，下一步往哪走？去哪儿？茫然不知。只好拖着沉重的步子来到延安市区。整个市区被煤烟笼罩着，灰蒙蒙的，天也不蓝，树也不绿，连大姑娘的脸蛋都是灰灰的。哪里还有什么可拍摄的景物！我想起了当地摄影家协会，于是在一家邮电局要了一本电话号簿查询，遗憾的是根本就没有什么摄影家协会这么个单位，但查到了延安市文化馆，可电话打过去没人接。于是我和小洋马决定登门拜访，有文化馆就一定会有摄影干部。

文化馆大门紧锁，我们就问隔壁邻舍人家，被告知关门已有两个多月了，原因不清楚。我们几乎绝望，忙问有没有搞摄影的干部？就是照相的？我说我们从浙江杭州来。延安老乡非常热情，答道：有一个杨老师，画画的，也照相。说着就主动带我们去找他。杨老师住得不远，很快就找到了。杨老师矮矮的个子，还穿一件很旧的西装背心，系一条脏兮兮的领带。杨老师知道我们的来历后显得非常窘迫，右手习惯性地伸进裤兜里，可半天拔不出来。我急忙掏出一盒精装大前门抽出一支递上，他双手接住，凑到小洋马为他打着的打火机上，深深地吸进一口后，吐着烟雾道：不好意思，四个月没发工资了，所以局里同意不上班

宜川郊外的胡杨林和羊群

宜川郊外的牧羊人

的。当我问到附近有什么可创作的景点时，他眼睛一亮：壶口啊！壶口瀑布可有名啦，五十元人民币上的瀑布就是咱壶口瀑布啊！于是他非常详细地告诉我们坐哪趟车，到哪下，怎么走。我们好像是迷途的羊羔找到了救星一般，我咬咬牙掏出两盒柯达彩色胶卷作为酬谢。可没想到杨老师皱起眉头说：这玩意儿在咱延安没地方冲印，要拿到西安才能冲印，你还不如给我换两卷黑白的吧。我立马换给他四卷最新的乐凯400度黑白卷，杨老师双手接住一个劲儿地“谢谢！谢谢！……”

从壶口到宜川

按杨老师的介绍：没有到壶口的长途车，坐长途要到黄河大桥边上的一个叫七狼窝的站下车，就能听到壶口瀑布的轰鸣声，顺着声音往上步行十二华里才能到达。不过杨老师说，壶口每天都有拉黄沙的大卡车，运气好的话，拦下一辆兴许能捎带你们去壶口。运气不好的话，那只好靠两条腿啦！

陕西的伙食没有别的，只有牛羊肉。顿顿如此，几乎没有素菜，吃得我俩直上火，嘴唇干裂还好，肛门疼痛排不出便最是难受。洋马痔疮大发，幸好他早有预防并带足了药，一旦发作立马找厕所，褪下裤子将子弹头般的药丸塞将进去。我拼命买苹果吃，也不管用，最后实在没办法想起了我们山东驱火的特效蔬菜大青萝卜。我啥也不顾，连皮拼命啃，洋马嫌辣，勉强啃两口就不吃了。那天我俩带着所有的行李和摄影器材，坐长途车到了七狼窝，已是下午二点半，放眼四顾，根本没啥拉黄沙的车。咋办？走！朝着壶口，那隐隐传来的瀑布轰鸣声仿佛就是动力。走了半程，洋马的老毛病又犯了，上车前在车站公厕刚塞过一粒，现在啥也不顾了直接在路边脱下裤子又塞，幸好路边没人。我知道他除了上火还因为太劳累了，于是二话不说，上去把他所有的行李和摄影包全背到我身上，就剩支三脚架他非要自己拿着。说实在的，一听到黄河在咆哮，我浑身的热血就跟着沸腾起来！就这样我们两人硬是徒步到了壶口。

整个壶口没有一个人影，只有我们俩。我连气都来不及喘一口，马上掏出勃朗尼卡相机拍摄起来。瀑布掀起的雾气是巨大的，整个人就像笼罩在狂风细雨中。没有一根钢柱，没有一条铁链，双脚踩着湿漉漉的、犬牙交错的岩石感到很不踏实，因为越临近瀑布，脚下奔腾狂泄的气流就越大，掀起的巨大气浪一个劲儿地把你往瀑布下面吸。我非常清楚，这时哪怕一头大象被吸进瀑布里去也立马粉身碎骨，瞬间消失。由于我们所站的这边的山

宜川的早市

岩过高，与瀑布成平视角度，难以体现瀑布的气势。我就一步一步往瀑布下方走，一直走到最底层。这时抬头向上望去，只见黄河水集中在很窄的岩口中喷出巨大的弧度，从头顶倾泄而下，这时我才真正感受到李白“黄河之水天上来”的壮观，他一定是亲临过此地，说不定就处在我现在站立的这块被巨大气浪吸附着的岩石上，否则他恐怕不会有那样的感受。

洋马以看管行李和摄影器材为由，没敢下来。我手中的勃朗尼卡相机像上足了发条，不停地开启着快门，很快，口袋里四卷黑白、两卷彩色被消耗殆尽。我扯足嗓子喊洋马送胶卷下来，可黄河的咆哮把我的嗓门完全盖住了。我只好再往上攀登，当我登上最顶层的山岩时，突然发现脚下有几个褪色了的柯达120彩色反转片的纸盒，再走几步又发现几个富士的，凭经验判断，来过这儿的专业摄影师应不是一拨人，而且早在好几年前就有先驱

陕北老汉

者来过了。我马上像泄了气的皮球那样一下子瘪了，因为事实证明，我们正在重复干着别人早已干过的活儿，没劲！

收起相机，已经是下午五点多了。我们之所以把行李全部带来，本想在壶口住下，第二天再拍的。因为杨老师告诉我们，几年前壶口就在建一个招待所，现在早该建好了。可是我们只看见一块牌子，上写“壶口招待所”，旁边立了几根木桩，一个人也没有，大概已停工有年头了吧。我们只好返回原路往七狼窝走，我们不知道还有没有长途班车，但其它过往汽车总会有的。我们准备到公路上拦车，能捎到哪儿就在哪儿过夜。幸运的是我们刚离开壶口，后面就上来一辆拉黄沙的车，真是天助我也！我急忙上前拦车，车停下后，我掏出中国摄影家协会会员证要求搭车，说车到哪儿我们今夜就住哪儿。驾驶

下地的农民

窑洞人家

员和我们年纪差不多大，非常爽快地问：车到宜川去不去？我说：去！可副驾驶室只能容纳一个人，我就把体力不支的王和平扶上车坐好，把所有行李和摄影包、三脚架放到车后黄沙堆上，自己挎一台35毫米相机也爬到黄沙堆上坐下，然后用车上一根粗绳子把所有包和我自己的腰紧紧缠绕在一起。车开了，这一路的风光简直是太棒了，车几乎就在直立的悬崖峭壁下绕弯道行驶，我手中的相机在落日余晖照耀下响个不停。视野360度，一点障碍都没有，尤其是高高的岩壁上层层叠叠的水波纹和夹杂着的贝壳化石，无声地告诉人们多少年前海水就在这岩顶上奔涌咆哮而过，那时候还没有人类，又经多少年后海水退去，便剩下了黄河……车驶进宜川县城，已是初夜时分。下车后我送给驾驶员一包大前门烟，他坚决不收，邀他一起吃饭也被谢绝了。

在宜川我们休息了三天。第一天几乎是全天待在招待所里，不是躺在床上闭目养神就是坐在桌边写信。第二天到城郊一家小饭店吃午饭时，我提出向他们借两辆自行车，晚上回来还在这家饭店吃饭。掌柜的很爽快地答应了，于是我和小洋马骑上自行车向大片大片的榆树林骑去，在那里我们拍到了羊群、羊倌。这时我突然感觉我们不是过客，而就是本地人，这感觉好极了。回到那家小饭店就像是回到了自己家一样，热菜热面早已准备好了，还按小洋马的要求，特意炒了萝卜、油菜两个素菜，我要了一瓶老白干，酒过三巡后浑身舒坦。第三天我们又到这家饭店，吃了午饭，借了自行车朝另一个方向骑去。收获颇丰，不仅拍到了许多风土人情的照片，还听说了不少当地的逸闻趣事，包括“米脂的婆姨绥德的汉”。于是，我和洋马决定去绥德和米脂。

我的外公白瑞生

白　磊

我的外公白瑞生，1921年出生于陕西省清涧县一个名为石嘴驿的小村庄。其父白鹤鸣，即我的曾外公，是1926年大革命时期入党的老革命，后因入党介绍人转移，失掉了党组织关系。曾外公按照当时地下党的组织规定，隐蔽乡间，以教书为生，继续寻找党组织。外公自小聪慧敏学，很早就以前三名的优异成绩在几千人中脱颖而出，考取当时陕北地区有名的学校——人称“革命摇篮”的绥德师范学校。当时曾外公走在街上，常常有相熟的人对他伸出大拇指夸赞：白先生，你儿子考得绥师前三名，真是了不起。

1936年，十五岁的外公趁着学校放假，在一天凌晨，瞒着家人，步行从石嘴驿出发投奔延安。到达延安后，被分配到边区中学继续读书。外公的奶奶舍不得长孙，派人千里迢迢到延安找到他，谎称病重将外公带回了清涧老家。

外公在绥德师范学习成绩优异，很早就参加了“中华民族青年解放先锋队”，作为学校进步组织的骨干，同其他进步学生发动学潮，广泛宣传抗日救国思想，积极组织和动员爱国青年开展抗日救亡运动。在校期间，外公由他的老师杨滨（是建

图1

国后任建筑材料工业部部长宋养初的夫人，而宋养初则是我外婆的入党介绍人）介绍加入中国共产党。外公在绥德师范学校任学生会主席、学联主席等职务。图1为1936年外公在绥德师范读书时，与同学合影，二排右一为外公白瑞生。

绥德师范毕业后，外公先后担任小学教导主任、校长、县剧社指导员、县政府科员、秘书等职务。图2是1945年外公任清涧县政府科员、政务秘书时候，和外婆张凤英的结婚照。照片上有“一九四五、八、七”的字样，那是外公与外婆结婚的日子。据说当年外公外婆得知了苏军进入东北的消息，知道抗战胜利在望，同时为了纪念党的“八七会议”，所以选了这个日子结婚。那个时候，两床被子抱在一起，革命同志聚在一起，有一个简单的仪式，就算结婚了。当时参加婚礼的有后来任煤炭部副部长的贺秉章和夫人等。说起外公与外婆的相识，还蛮有戏剧性的。外婆在认识外公之前，曾在清涧县委搞宣传工作，有一次到石嘴驿工作，夜宿群众家，恰巧就住在外公家，晚上一不小心掉进储存萝卜的地窖里。后来他们结婚时，外公的母亲笑言：这不是掉进咱家萝卜窖的那个女同志吗？看来姻缘前世定，姻缘有线牵，真是缘分。这张照片拍摄后不久，外公调任绥德地委大众报社主编。解放后担任过陕西日报社副总编、人民日报社秘书长的李言年，当时是《大众报》的编辑。李言年曾经多次随同外公一起采访战地新闻，编辑群众来稿，使这份报纸成为当时深受边区干部群众喜爱的一份出版物。解放后出版的《陕西省志·报刊志》称：《大众报》“这份报纸在战争时期……始终作为党和人民群众的喉舌，宣传党的路线、方针、政策。动员组织群众，为完成党提出的各项任务而奋斗。始终坚持群众路线的工作方法，大力发展和培养通

图2

讯员队伍，在基层单位组织读报，并要求文字语言通俗化、群众化，使读者喜闻乐见。”

1949年5月20日，西安解放。1950年2月28日，陕西省委在西安市五岳庙街公字2号（今五岳庙门125号）开始办公。外公时任中共陕西省委第一书记、省人民政府副主席潘自力的秘书，并兼任省委办公厅秘书组组长、政策研究室农村组副组长。图3摄于1952年，照片上的外公雄姿英发，青春盎然，充满朝气，眉宇间有着无限的自信和对未来美好生活的憧憬。那一年，他刚满三十一岁。

在随后的几年中，外公多次随潘自力参加中共中央召开的重要会议，如1953年召开的全国财经会议。1954年10月，中

图3

央人民政府任命潘自力为中华人民共和国驻朝鲜民主主义人民共和国大使。临行前，潘自力征询外公的意见，是否愿意随他一起去朝鲜？外公因病未能成行。类似的机会以后还有多次，如60年代初期中央办公厅曾要调外公去北京工作。外公在晚年对我讲起往事的时候，我曾半开玩笑地埋怨："您当年要是跟着潘自力去了朝鲜，或者去中办，退休时起码也是副部级的干部，那我们也是北京户口了。"外公严肃地看着我说："我们参加革命，不是为了做官。"图4为潘自力赴朝鲜前，与陕西省委领导和曾在他身边工作过的同志一起合影留念。图中第三排左七为外公，前排左七为潘自力，左六为后来接替省委书记工作的张德生同志，左八为省委副书记、省长赵伯平。

1954年10月，张德生同志调任陕西省委第一书记，外公时任省委办公厅综合组组长。1957年初，陕西省委成立书记处办公室，外公又兼任了书记处办公室副主任，列席省委书记处会议和省委常委会议。每次会议他的笔记最为详细，哪位领导做了什么样的发言，哪位领导有什么不同的意见，会议传达什么文件，有什么规定，比正式的会议记录都详细。这些笔记本后来被省档案馆要走，作为历史档案保存。多年以后，编选《邓小平文集》，注释中邓小平来陕西某一次讲话的具体日期，就是从外公的笔记中查询到的。

“大跃进”时期，全国各地沉浸在“共产风”“公社

图4

化”“高指标”的热潮中，虽然陕西省委的主要负责人在历次会议上表示紧跟大形势，但会下仍然有自己的看法。时任省委第一书记的张德生曾经对外公说：“一亩地打几万斤粮食，这可能吗？如果把这几万斤粮食铺在一亩地里要一寸多厚，太悬乎了。”当时陕西的“左邻右舍”竞放高产“卫星”，达到令人咋舌的数字，对陕西的压力极大。张德生同志建议在陕西宾馆（丈八沟）开一块地，按照当时高产经验种植，找几个人去，一边工作一边调查研究，看到底一亩地能打多少粮食。当时外公就是这几个人中的一个。对于“大办食堂”，陕西也有自己不同的看法。1959年4月，外公随张德生在长安县农村调查时，发现食堂有问题。在当年4月21日召开的省委书记处会议上，张德生就说：“食堂可否采取临时措施，愿意在食堂吃的在食堂吃，愿意回去吃的回去吃，愿意什么时候回食堂吃，什么时候可以回来嘛。”当时公共食堂被誉为“人民公社的心脏”，敢于这样说也是要有一定的勇气的。在“反右”与“大跃进”运动中，陕西省在全国范围来说相对稳妥，这与当时省委部分领导求实的精神是分不开的，因此在当时，陕西省被说成是“右倾保守”“黑锅底”。

1962年1月，中共中央在北京召开扩大的中央工作会议，参加会议的有县以上各级党委主要负责人7000人，因此这次大会又称“七千人大会”。外公当时是以陕西省委副秘书长、省委办公厅主任的身份参加“七千人大会”的。外公后来回忆说，他对这次会议印象深刻，大会一开始就与众不同，气氛非常民主，非常宽松和活跃。大会的前一阶段，是讨论刘少奇代表党中央提出的书面报告草稿。这个草稿未经中央政治局正式通过，就直接提交会议进行评论，征集修改意见，以便更加直接和广泛地集中大家的智慧，把报告修改好。当时到会的同志对这个草稿进行了反复的讨论和修改，与会者提的许多意见和建议都被采纳了，最后形成《在扩大的中央工作会议上的报告》的定稿，形成了会议的正式文件。毛泽东也在1月30日的大会上做了自我批评："凡是中央犯的错误，直接的归我负责，间接的我也有份，因为我是中央主席。"回到陕西后，省委根据中央和西北局的指示，成立了专门的机构，搜集整理基层组织对中央的意见和建议，开展批评与自我批评，以总结经验教训。当时陕西提交给中央的意见有多条，其中给毛泽东提了多条意见，给刘少奇提了一条意见，给毛泽东提的意见主要有：一、讲话要慎重。一讲人民公社好，全国就轰轰烈烈搞人民公社；二、六畜应以牛为先。毛泽东曾私下讲过六畜猪为先，提意见人觉得还是牛在六畜中作用最大。而给刘少奇提的一条意见是：讲话要注意。刘少奇曾在宝成铁路开工仪式上剪彩，有人说宝成路段山多，限期通车有一定困难，刘少奇随口说就是用吊车把火车吊过去也要限期通车。经过省委办公厅筛选后，将给毛主席提的多条意见选为两条，而将给刘少奇的意见删去。这本是响应毛主席和中央的号召，但在1968年却被省委"工宣队""斗批改"小组定为"恶毒攻击毛主席的严重反革命事件"，外公因此被打成"整理伟大领袖毛主席黑材料"的"一小撮死不改悔的走资派""反革命分子""罪大恶极的阶级敌人"。1969年3月2日的《陕西日报》头版头条刊登这一所谓的"严重反革命事件"，点名批判。图5为60年代初全家人的合影。前排右一为外公，右三为外婆，中间的小男孩是舅舅白晓东，第二排右一为三姨白晓宁，右二为二姨白嘉宁，右三为四姨白西宁，三排右一为我的母亲白洁，右二为二姑奶白瑞英，右三为大姑奶白瑞珍。

1964年冬季，陕西省委第一书记张德生病重，中央于当年11月任命胡耀邦同志代理陕西省委第一书记，接替张德生同志的工作。这期间外公同胡耀邦同志的关系非常好，对很多问题的看法都一致。1965年2月，外公陪同胡耀邦在陕南各县区视察工作。2月5日到12日，日夜加班，八天走遍了安康地区十个县中的七个县。外公陪胡耀邦同县社两级干部开座谈会，胡耀邦开门见山地提出问题，征求意见，对于一些“左”的错误立即纠正。也就是在这一时期，胡耀邦主持起草的《电话通讯》发出，提出了四条干部政策：一、凡属从社教以来被处分过重的干部，一律实事求是地减轻下来。最好选择几个典型，

图5

经大家讨论后，重新做出决定，并在大会上宣布。二、凡属停职和撤销工作但尚未处理的干部，一律先放到工作岗位上去，待问题完全查清或经过一个时期的考验再做结论。三、凡属去年（1964）以前犯有某些错误但已经交代过的在职干部（包括脱产和不脱产的干部），不再在这次会议上“洗手洗澡”。只要做好工作，搞好生产，将功补过，就一律不咎既往。四、凡属这次县的多级干部会议后，继续干坏事的，不管职务高低，一律从严处理。这个《电话通讯》在基层也被称为“四个一律”，从一定程度上纠正了当时陕西“四清”中“左”的思想和做法，受到了广泛的拥护。但也引起了当时西北局主要负责人的不满，有人讽刺说：“八天走了七个县，急急忙忙干什么？又不是救火！”还提出“陕西土改、镇反不彻底”，并由此在全省开展了“民主革命补课”的运动，最终导致了一些人被错误地划为地主、富农成分，打击迫害了一批干部，造成了严重的后果。胡耀邦在陕西只工作了二百天，就和来陕西视察的叶剑英一起回北京了。据说是叶剑英来陕西视察的时候，听说了胡耀邦的艰难处境，说陕西不让你待，我们回北京，拉着胡耀邦就上了回北京的飞机。随着胡耀邦的离开，陕西刚刚起步的反“左”改革就这样终止了。陕西省委被分成两派，一派是支持胡耀邦和曾经在胡耀邦身边工作过的同志，一派是支持西北局主要负责人的意见，认为胡耀邦在陕西的工作太“右”了，是“执行了一条错误的路线”。

1966年“五一六通知”发出后不久，陕西省委在西安人民大厦召开陕西省文教单位文化大革命座谈会（后改为“干训班”），“座谈会”和“干训班”的中心内容是在陕西抓所谓的胡（耀邦）、赵（守一）、李（启明）为首的“反党集团”，批判在胡耀邦、赵守一、李启明周围工作过的同志。“干训班”里的集训人员，基本是在胡耀邦、赵守一、李启明身边工作的同志。我外公就在“干训班”里集训，属于被重点批判的对象。当时在“干训班”里集训的人员，不仅有文化单位的，也有西北局机关、陕西省委省政府和西安市委市政府的部分领导和工作人员。9月21日，“干训班”成员由西安市秘密转移到耀县田嘴看管。11月中旬，省委决定撤销“干训班”，此时西北局、西安市的集训人员已走，留下省里的人员继续集训。外公后来告诉我，1966年年底，西安的红卫兵开始大批西北局和陕西省委的“资产阶级反动路线”，部分红卫兵发现原来在耀县还看管着如此一批人，就送回西安分散到各个大专院校红卫兵司令部看管。

1970年年初，外公被当时的省革委会政法组关押进当时有名的“陕西省革命委员会监护管理所”，实行军事管押。“陕西省革命委员会监护管理所”对外保密，称为“七十三号”。外公当时的罪名是：一、“整理伟大领袖毛主席的黑材料”。二、“特务”（“文革”时期红卫兵查敌伪档案，发现有一个和外公同名的人给国民党传递情报，因此怀疑他是特务，此案后来查清楚。其实两个人虽然同名同姓，却从来没有在同一个地方待过，真要查实，轻而易举）。三、“彭（德怀）、高（岗）、习（仲勋）黑线人物”。四、“西北三家村黑干将”。根据后来给“七十三号”被监管人员的平反文件《关于“七十三号”的调查报告》记载，在“七十三号”里先后“监护”过55人，其中西北局部长、省委书记、副省长以上的干部28人，省级机关副厅局级、西安市委书记、副市长级干部24人。先后在这里被“监护”的有白治民、戎子和、赵伯平、刘澜涛、赵守一、李启明、舒同等一批党的高级干部。凡被关押进“七十三号”的干部，都被当作敌我矛盾，完全限制自由，“只许规规矩矩，不许乱说乱动”。每个人被单独关押，并编了代号，只许叫号不许叫姓名。每天早晚“放风”两次，其他时间大小便都在自己的囚室内。不准被关押者相互碰面、更不允许说话，夜晚睡觉通宵开灯，以便看守人员监视。有时灯泡坏了，就不准睡在床上，要站在门口监管人员能够看得到的地方，直到换好灯泡为止。前来外调、谈话，叫“提审”，有专门的提审室和审讯室。不准家属探望，不准自由通信，还随便搜身，任意打、骂、体罚。伙食标准低、差，被“监管”人员普遍吃不饱，饿肚子，有人浮肿。就连喝的水也是淡黄带苦涩味的蒸馍水。外公就在这种极其恶劣的环境中被“军事监护、隔离审查”了一年半之久。图6为外公结束“监管”后不久，在家门口（“文革”中我们家被撵到建国路三号院住。我们住的房子，当时被称为“黑帮排”）与外婆张凤英的合影。

1972年8月19日，外公被解除军事管制，但不准回家，直接从“七十三”号遣送到陕西省泾阳杨梧干校。在杨梧干校仍被视为敌我矛盾，编在二连一班学习，几天后才准许给家人写信，同意家人前来探望。外公在干校喂猪几年，回来后赋闲，后被调任省委办公厅秘书一组的负责人。1975年7月15日，陕西省委组织部发出一纸公文：“省委决定，白瑞生同志任陕西省政协副秘书长”。但此时的陕西省政协在1969年就陷于瘫痪状态，被迫停止活动，外公只得与原陕西省政协机关的干部职工一样，到陕西省省级统战系统学习班去报到。

那时候，统战干部学习班的办公地址还在西安市东木头市，也就是当年的各民主党派、政协、省文史馆和省参事室办

图6

公的地点。这个学习班成立于1970年3月，主要工作为组织学习和专案复查，落实政策。

1977年10月，外公调任省委统战部领导小组副组长，参与省政协的恢复筹组工作。1977年12月当选为刚刚恢复的陕西省政协秘书长，为省政协的恢复和重建作出了重要贡献，为省委的统战工作和平反冤假错案付出了大量心血。图7为外公担任省委统战部副部长、省政协秘书长时在江西井冈山参观时留影。

1978年，王任重担任陕西省委第一书记兼省革委会主任，点名提出调外公回省委工作。而外公当时已经不想再回省委，但是听到这是组织意见，便义无返顾地服从，重新任省委副秘书长兼办公厅主任。这是他十二年前被打倒时的职务，现在仍然回来任原职。到1993年离职休养时，外公仍是个正厅级干部，对此外公从没有说过什么。图8为1980年，外公在北京参

图7

加全国省市自治区党委秘书长会议时留影。

1981年4月，外公兼任了省委党史资料征集委员会的副主任，协助省委秘书长兼省委党史资料征集委员会主任常黎夫同志工作。此后的五年多时间里，外公先后主编《潘自力》《张德生》《贾拓夫》并编辑了《马明方》《常黎夫》等多部党史人物传和《鄂豫陕革命根据地》《陕甘宁边区抗日民主根据地》等党史资料文集，使陕西的党史资料征集工作有了重大进展，取得了丰硕的成果，先后编辑出版了400万字的陕西党史书籍。后来在外公的日记里，多次看到为编辑某本党史人物传记而东奔西走的记载，如1993年的日记中，外公这样写道："上午去采访，中午就在街上吃了点东西，在街旁树阴下坐了近两个小时，下午三点去查阅档案。"当时已经是七十二岁高龄的外公，不顾自己年迈体弱，仍在努力工作。后来外公去世后，省委党史资料征集委员会召开了缅怀外公的座谈会。有一位曾随外公去北京采访的年轻同志回忆说，有一次外公在北京出差，中午走到前门大街，别人建议吃了午饭再继续工作，外公选来选去最后进了一家铁皮房改成的餐馆吃碗面权当午餐，外公这种只讲工作不讲条件的精神令同行的工作人员感慨不已。外公去世后，留给我的最大的一笔遗产就是上百册党史资料书籍。图9为1982年外公与常黎夫在中央档案馆查阅资料。

外公为官多年，从来不摆什么架子，对旁人尤其是一般干部和工人也会无微不至地关心。逢年过节，他总是先到工人和一般干部的家里去看望，问寒问暖，甚至随口能叫出许多工人和一般干部子女的名字。有一年，党史办的两名年轻同志在春节前要结婚，但没房子，心里很着急。外公知道后亲自跑到机关房产科，经过很多次努力，终于在春节前为他们争取到了房子。他以长者的风范、儒雅的风度、对人谦恭的态度和言行把一个真正共产党人的标准人格化、形象化，并教育和感染着他周围的人们。以至于外公从顾问委员会离休十几年后、2013年年初去世时，前来送行的人挤满了整个大厅，许多人失声痛哭。

外公不讲名利，任劳任怨，从不计较个人得失。他参加革命工作多年，三十多岁就担任了省委副秘书长兼办公厅主任，50多年的工作中，多次将升迁和评级的机会让给比自己更年轻的人。他从不在我们面前讲他和高层领导之间有什么样的关系，更不允许我们子孙打着他的旗号出去跑关系。1989年4月，胡耀邦去世，那天中午我放学回家，听见三姨夫和外公的对话："爸爸，您听到消息了吗？胡耀邦同志去世了。"外公微微点了点头说："耀邦是个好人啊。我和他工作时间不算长，印象却非常好。1965年他任省委书记的时候，我陪他八天走了七个县，那个纠正陕西'左'倾错误的《电话通讯》就是那时候出来的。"我这才知道，外公竟然和胡耀邦有着非同一般的关系。外公晚年的时候，我常陪他聊天，谈一些关于陕西党史上的问题。有一次谈到胡耀邦，外公告诉我："耀邦在'文革'期间被打倒的时候，我只要去北京就去看望他。一次去耀邦家，我进门就说耀邦同志，还认得我吗？耀邦笑呵呵地用他那特有的湖南口音说，认得么（外公讲这段历史的时候，还特意用湖南口音学了耀邦说话）。"耀邦当了中央组织部部长以后，我再没有主动找过他。外公说到这里，话音戛然而止。阳光透过窗户斜斜洒进房间，外公在温柔的光线中露出回忆往昔岁月的那种美好而安详的笑容。

1983年前后，省委办公厅发了一份打印的信，信是外公写的，内容是他在办公厅卫生间的手纸篓里看见有人扔掉了一叠

图8

图9

新信纸。他在信上批评了这种极不文明的“大少爷作风”，并语重心长地告诫机关工作人员，要养成珍惜劳动人民血汗的作风，要珍惜每一张纸、每一分钱，并说，艰苦朴素的品质要靠一点一滴地自觉养成，只有思想上有了艰苦朴素的观念，行动上才能做到。外公是这样告诫别人的，也是这样要求自己的，80年代初，省委机关进口了一批高级轿车，也给他配了一辆，可外公很少坐那辆组织分配给他的高级轿车。工作时，近的地方就自己慢慢走去，远一点的地方则坐公共汽车，好几次，旁人惊诧地看见外公从公共汽车上挤下来，便问为什么不坐机关派给他的车，外公淡淡地说：“机关还有那么多老干部，车留给他们坐吧，再说汽油是公家的，能省一点是一点。”外公每次参加党史资料征集委员会召开的审稿会都是自己慢慢走去，唯一的一次提出派车接他去参加会议，已经是病重行走困难快要住院的时候。

外公为人谦和，平易近人，极少见他为什么事情发脾气，考虑问题总是先替他人着想。晚年病重的时候，我一直陪在他身边，后来因为工作忙的关系渐渐地晚上去医院值班的时间比以前晚了，外公问我原因，我说因为报社工作太忙，所以有时候来医院值班的时间晚一些。他听了轻轻对我说：“要好好工作，在自己本职岗位上做出成绩，就是对我最好的回报。”我怀着对外公的感激全力以赴地去工作，采访“两会”的那个月是我稿件得奖最多的一个月，当我即将采访完“两会”的时候，听到了外公病危的消息，赶到医院不久，他溘然长逝。斯人已去，风范长存，外公留给我们后辈的是任劳任怨、敬心敬业的高贵品质和恭谦儒雅、诚恳待人的优秀品德。

外公去世后，前来家中吊唁的人络绎不绝，许多他曾经的领导、同事、下属纷纷来家中表示悼念之情。很多人拉着我们的手说：从来没见过像白秘书长这么好的领导干部啊。原陕西省委书记白纪年夫妇送来挽幛：“一生敬业任劳任怨作风严谨一丝不苟；终身勤勉艰苦朴素不求名利甘为人梯。”省政协副主席兼省委统战部部长胡悦送来挽幛：“仙翁已化黄鹤去，但余英明示后人。”外公的几位老同事老战友，以早年曾任赵伯平秘书的刘云岳爷爷为首，联名写了一首诗悼念外公：“月白风清正隆冬，痛失楷模泪沾胸。七任省魁好参谋，仰天俯地无愧容。”这首诗中的仰天俯地无愧容，不正是外公一生真实的写照吗?

岳父新疆六十年

胡新明

我岳父张福，1949年9月从家乡甘肃跟随王震将军大军西进，至今在新疆工作生活已经65个年头了，他1988年离休，今年八十二岁。虽身体孱弱，生活起居需要人照顾，但精神尚可，头脑清晰。几经搬迁，现独自居住在新疆库尔勒市文化西路佳鑫花园的小区里。

耄耋之年的岳父满头银发，老态龙钟，但年轻时却是英俊标致的军人，写得一手漂亮的毛笔字，喜欢体育运动，即使到了六七十岁时仍然是精神矍铄，仪表堂堂。漫漫人生，他历经坎坷磨难，在塔里木戈壁荒原上，在盐碱地上，他付出了太多的艰辛和努力。

少年时光

岳父生于1933年阴历五月十八日，甘肃省西和县东山村人，他祖上张聚才（岳父的曾祖父）是四川大槐树清河寺人，1848年迁居此地。岳父说他小时候，村子不大，离城也不远，几十户人家，多为张姓本家。除耕种土地外，张姓族人还经商

1943年，上小学时的张福（左一）和同学合影。

做买卖，主要是把花椒等物品贩运到四川，岳父的祖父张发征弟兄五人，他们分工明确，分别主管运营、农业、商业（另有医生和艺人），创立了“长发茂”商号，属于家族企业。“长发茂”延续近百年，其货号章、字号章、财务章，甘肃老家的族人一直保存到现在。

1939年至1940年前后，岳父六七岁时，他四十二岁的父亲张文、四十三岁的母亲张朱氏相继离世。岳父兄弟姊妹八人，当时四个姐姐已经出嫁，经族人协商，未成年的三弟兄和一个妹妹由爷爷抚养，父母留下的十几亩土地亦由爷爷负责经营。

放了三年的羊，1943年十一岁时岳父被他爷爷送到县城鼓南小学读书，学校里开设语文、算术和历史三门课。家和学校隔着一条河，岳父记得大约1945年，西和县下了一场大雨，山洪暴发，死了很多人。

1950年，十八岁时的张福。

1948年9月，十六岁的岳父小学还未毕业，家人就安排他结婚了。岳母是西和县六巷人，离县城三十多公里，她父亲是兽医，为当地望族，家境殷实。1949年上了六年学的岳父高小正式毕业，然而也就是这年的8月，驻扎在新疆的国民党军二三一师六九一团不顾大势已去的溃败局面，强行在西和县征兵抓丁。

规定家有三兄弟者，必须一人当兵。军令如山，违者连坐，家人无奈也无计可施。1949年8月，十七岁的岳父从家中被带走，连同当时西和县被抓的一千多人，随国民党正规部队由县城出发，到新疆阿克苏驻防。

自愿革命

1949年9月，王震大军进军新疆，新疆宣布和平解放，但驻防各地的国民党军队并未完全缴械投降。岳父所在的国民党部队为躲避解放军，不停地在大山里绕圈子，行动很迟缓。

岳父说，当兵十几天，没有训练过，没有发军服，手中也没有枪，整天在山沟里盲目乱转，东跑西藏，疲惫不堪。部队走到临潭藏区一个几十公里的深山沟，突遇大雪，不堪忍受的人开小差，许多人被冻死，死者双拳紧握，岳父也差点送命。

翻过一架架山，刚走到黄河边上的沟口，解放军已经在此围堵，部队又折返，在山沟里折腾。到了康乐县地界，实在走投无路，副团长带领全体人员行军十几公里，直奔临洮，投靠王震将军的部队，自愿参加了解放军。

岳父在临洮休整近一个月，这期间部队每天围绕“解放新疆、建设新疆”的主题，作报告讲政策，搞宣传教育。

那时岳父还很年轻，思想单纯幼稚，在当时大的时代背景中，受新思想的影响，对国家民族充满希望，脱离旧军队后，很快融入到新的集体当中。部队进行改编，他被编入解放军二军六师十八团。

部队日夜兼程，翻越冰雪祁连山，1949年10月1日到达张掖，迎来中华人民共和国成立，岳父和全体官兵立功受奖。10月5日彭德怀、王震在张掖大校场作动员报告，部署部队进军，官兵群情激昂，岳父也是心情振奋。

到酒泉后，部队换发服装，岳父第一次穿上了军装，因年龄小，他被安排到团部当了一名通讯员。

10月中旬，岳父所在的十八团集结于玉门，部队层层召开誓师大会，官兵们这时才真正明白，他们到新疆的主要任务是屯垦戍边。接着部队请人给官兵介绍新疆的自然风光、风土人情、风俗习惯和宗教信仰，教授干部战士学习简单的维吾尔语。

一切准备就绪，十八团全体官兵分三批从玉门出发，不分昼夜向新疆挺进。

进军新疆

1949年12月，岳父乘坐敞篷汽车“大道吉”开拔新疆。四十多人挤在一个车厢里，路途颠簸，车况也很差，老是抛锚，走走停停，有时一天才走十几公里。

离家已经五个月了，一路行军全靠两只脚，翻山越岭，长途跋涉，苦不堪言，时时命悬一线。正值冬季，寒风刺骨，乘车的滋味也很不好受，一些病弱者途中被冻死。

经哈密吐鲁番，向南走托克逊，翻天山甘沟，过南疆重镇焉耆，1949年年底岳父到达库尔勒，跟随团部驻扎在孔雀河北岸葵花桥附近的旧警察局里。岳父还是通讯员，主要工作是收发通知、传递文书、传达命令。

1950年1月，岳父所在的六师十八团分批进驻库尔勒、铁门关、包头湖、尉犁、铁干里克、轮台和南草湖等地。2月，十八团成立工作委员会，开展改组旧政府、发展生产、减租减息、培养干部、建立地方党组织等工作，完成粮食购、借任务。一批罪大恶极的官吏和土匪被正法，部队还平息了武装叛乱以及反动势力的滋扰，严惩了反动分子、地痞流氓，打击反动宗教头目，要害部门、交通要道等处严密警戒，一度混乱的

1956年，在新疆八一农学院学习时的张福（后排左二）。

社会秩序趋于阶段性安定平和。

岳父说部队当时在进行平叛剿匪、建立新政权的同时，遇到的最大问题，就是缺粮。焉耆（当时是行署驻地）地区经济落后，各地群众衣食困难，不法奸商趁机囤积粮食，加上叛匪横行，加剧了社会动荡。要想稳固政权，必须从根本上解决粮荒问题。

新疆军区发布命令，除一部分兵力担任国防，进军西藏、清剿土匪、维持治安外，其余全体军人一律就地屯垦。司令员王震在十八团团长政委陪同下踏勘了距离库尔勒五十公里的吾瓦滩，决定在这亘古荒原上建立军垦农场，兴建水利工程。

为保证供给，团部机关在老飞机场，当时叫小群克的地

1959年2月，岳父母及其长子、次子在焉耆合影。

方，开垦了三十亩土地，种植水稻。期间，岳父和团政委阳焕生的警卫员还被派往沙依东两个多月，专门向维吾尔族老农学习如何种瓜。

1950年9月开挖十八团大渠（当时叫建新渠），岳父和一千多名官兵奋战在三十多公里的施工线上。挖渠工地上，指战员们使用简陋的工具，运沙土砾石用抬把、挑筐，住地窝子，甚至野外露营，吃的是未研磨的高粱米，难以消化。工程完工后开闸放水，王震司令员激动地跳进渠水里，大声高喊："历史要写下这一笔！"这条干渠至今仍然发挥着巨大的作用，浇灌数万公顷的土地，造福数万计的人口。

整编转业

因为有文化，回到团部后岳父被调整到后勤处做审计工作。此时十八团团部也迁到了吾瓦，也就是现在的二师二十九团团部所在地。

1952年2月，毛泽东主席发布了解放军整编的命令，并决定将驻扎在新疆的部队整编成国防部队和生产部队两部分，动员部队集体就地转业，参加生产建设。1953年6月，岳父所在的十八团一千三百多名官兵集体转业，改为新疆军区农业建设第二师六团，至此国营农场的建设全面展开。

建场初期那是一段艰难困苦的时光岁月。茫茫荒野，高强度重体力劳动，蚊虫叮咬，时常断粮断炊，只好挖野菜充饥，没有衣服换季，住棚圈或地窝子……

岳父当时的办公地方和宿舍都是地窝子，八个人合住一间地窝子。一年夏天下了场大雨，夜里地窝子突然发生坍塌，他

1961年12月，张福（左一）与他的亲属合影。

被埋在土里，差点憋死。一根断裂的木头戳破了股长的枕头，万幸的是股长出差外地躲过一劫。然而三营因一个地窝子塌陷，造成三人遇难。

1953年8月，岳母辗转几千里，一路颠簸，从甘肃老家来到库尔勒寻找四年未曾谋面的丈夫。因读过初小，岳母被安排到托儿所工作。岳父母还分配了简易住房。1954年8月岳父的长子张居农出生。

1955年6月，岳父被派往乌鲁木齐新疆八一农学院农经专业学习一年，到了9月，学校安排学员去车排子捡了两个月的棉花。这年10月，怀孕七八个月的岳母因强重体力劳动，引起流产大出血，险些丧命。岳父当时远在乌市，不在岳母身边，此事成为岳父永远的心痛。

经过“三反五反”及1957年反右运动，岳父说他才逐渐认识到社会和人的复杂。他做审计工作，不跟钱直接打交道，只因说了句这些运动所说的事和他没关系，领导说他思想态度有问题，并遭到批判。运动结束后，他被定为“错误思想言论者”，但幸未打成右派。

共青团农场

1958年3月，新疆建设兵团共青团会议决定创建共青团农场，师党委把即将开发的塔里木五场作为共青团农场，并发出决议和倡议。全师干部职工积极捐款，团员青年踊跃报名参加新农场建设。岳父捐了一个月的工资，同时岳父作为机关工作人员，被派往共青团农场参加筹建工作。

岳父一家四口，就这样来到了塔里木。整天整月在戈壁滩上，建房筑路，修渠开荒，风餐露宿，一到冬季就是积肥和挖甘草，岳父吃尽了苦头。这一年又赶上“大跃进”，“浮夸风”开始盛行。

岳父在团部机关做会计工作，1960年5月被提拔为财务室主任。然而这一年岳父才知道家乡搞土改，他的家庭成分被定为地主，他很抵触，不理解。岳父说他怎么也想不通，自己父母去世早，从小跟爷爷过活，家里虽有少许土地，但他父亲在世时除了种地，就是去四川贩运花椒，最多算个小商贩，日子过得并不容易，怎么就成了地主呢？然而这个出身却阴影般地伴随他很多年，影响到他入党、调动和提拔，并牵连到子女参军、升学。

那时工作生活条件都很艰难，终日辛勤劳作，还食不果腹，即使老弱人员也要从事制精盐、熬甘草膏、剥罗布麻等活计。1960年塔里木农场开始出现饿死人现象，最严重的是塔

1964年，岳父母及四个儿子在共青团农场合影。

三场，主要是劳改新生人员。大约在1961年1月，塔二场基建队一天晚上组织人员在地窝子开会学习，不慎发生火灾，死亡173人，触目惊心。岳父对此记忆深刻，难以忘怀。

1962年11月四哥张居林出生，岳父说这次赶上他在家能照顾岳母，前面三个孩子出生时他都在戈壁滩上修渠挖甘草忙碌着。我岳母曾说过，生三哥张居里时生活困难，没肉吃，月子里唯一吃的一次肉，是岳父抓的一只野兔。

岳父说1965年8月第一批上海支边青年280多人来到农场。上海人聪明，见过大世面，年轻人又充满活力，农场的文化生活开始丰富起来。

1970年春节，岳父（后排左四）携长子张居农（后排左一）在甘肃老家与兄弟姐妹等合影。

1967年，“文革”风暴开始席卷塔里木农场的干部职工。四位团领导被打成“走资派”，岳父则首当其冲被扣上“黑管家”“地主阶级孝子贤孙”的帽子，从家里搜出的书挂在脖子上游街，遭到揪斗殴打，关牛棚。他还被监督劳动，进到戈壁滩深处挖红柳、打柴禾，一去三个月不让回家。1968年他被撤销财务室主任职务。

1969年岳父被“彻底打倒”，“下放劳动”到离团部十六公里的二连，全家人全部随迁，这一去就是五年，一直待到

1975年10月1日，岳父母及子女在塔里木农场的合影。

1974年。

在基层连队，岳父积极参加农业生产劳动，任劳任怨，不怕吃苦受罪。岳母也是仁慈友善，吃苦在前，实诚待人，热心帮助别人，他们俩竟赢得信任和尊重，岳父当上了有四十多人的六班班长，岳母当上了四班班长。1972年11月岳父获得平反，摘掉了“黑管家”的帽子。艰辛动荡的岁月里，岳父母跟上海、山东、河南等来自五湖四海的许多人结下了非常深厚的情谊。

1974年年初，平反后的岳父恢复了职务，重新回到团机关担任财务室主任，主管劳动工资工作。这项工作风险很大。岳父说团里连年亏损，财务很困难，没现钱，连正常工资都兑现不了，团医院没钱买药品，组织人员跑戈壁滩挖甘草搞副业，还是不能解决问题。因为没有现金可供支配，团里只好用牛皮纸印制成有价证券用于内部流通，时间长了干部职工不满情绪就有了。

七十年代后期，中央出台了给职工增加工资的政策。岳父说因调资名额有限，未能调资的人意见不小，一些人产生了怨恨。1980年9月，二十多岁的上海支边青年水管站职工金宝根，因对调资方案不满，在会议室引爆炸药，造成三人死亡，多人耳聋受伤。

事件发生后，一些职工准备抬尸游行。最后经上级同意，采取一家一个增资名额、自己家人商定的办法，事态才平息下去。

1980年后，农场开始持续不断出现上海支边青年要求返城的群体事件。岳父说共青团农场已改为三十一团，当时团里有上海青年六百多人。

1991年春节，作者（后排左）及妻子与岳父母合影。

“丹心献祖国，热血写春秋”是岳父那代人的写照。十一届三中全会以后，农场也和国家一样逐步发生着深刻的历史性变化。实行了责任制，打破大锅饭，调整种植结构，大力发展棉花、香梨、鹿茸等高新特色农业畜牧业，团部城镇化，连队园林化，九十年代后塔里木农场开始进入快速发展的轨道。

岳父在工作岗位上四十年，岁月艰难苦涩，岳父说不单单是苦难，毕竟是正规建制单位，有学校有医院，偶尔也有文艺演出、体育比赛等，少许的精神文化活动增添了生活的乐趣，王洛宾优美的民歌也早已在民间传唱，只是作者当时写的是佚名。那时塔里木成群奔跑的马鹿、黄羊，众多硕大的草鱼、鲤鱼，秋天金色的胡杨，奔涌的塔里木河，还有人与人之间的真挚情感，这些美好的东西都留存到了记忆深处。

岳母去世后，她生前的许多姐妹来送别她。一位六十多岁的上海老支青张小妹阿姨，乘坐班车，自己开了旅社住下，每天随我们家里人去殡仪馆，一次次和岳母遗体作最后的告别，每次都抚摸着岳母冰冷的面颊，眼里噙着泪，喊着老班长喃喃自语着。这一幕至今感动着我。

面对太多的苦难和不幸，岳母席桂花对岳父不弃不离，顽强地坚忍着，长年累月，缝补浆洗，常常是针线活做到深夜，天不亮一家人的饭又准备好，一天的工作还不能耽搁。岳母品德好心地更好，工作也出色。地主成分出身的她，在那个年代还能入党，就说明一切。

岳父爱听秦腔，年轻时爱打乒乓球也喜爱读书，家里买了许多书。他很关注子女的教育、读书、学习，再困难也不耽误孩子上学。

在新疆半个多世纪过去了，岳父的许多战友同事已经长眠地下，远离尘世而去。他能活到八十多岁令他欣慰，他还感到自豪的是他的子女有的成了大学教授，有的成了法官，孙子辈有了硕士、博士。

岳父说他这一生最敬仰的人是邓小平，邓小平改变了国家和民族的命运，很了不起。

悠悠岁月

——一位长者的回忆

陈晓阳

前几天，我去山东烟台玩，顺便看看定居在烟台的老太爷，他是我母亲的舅公公，按辈分算，我是他的第四代了。

老太爷名叫张鑫龙，今年八十一岁，祖籍南京市六合区。他身体很好，走路依旧矫健有力，看起来像七十岁的老人，而且记忆力特别好，也很健谈。有天晚上吃过晚饭后，我们在车上聊天，我询问到他一些往事，比如为什么会到烟台来居住等等，最后又问到家里是否存留一些老照片，老人家兴致勃勃地答道："哎呀，我家里老照片多的是。"我说："那你可以写写回忆录，或者给你们山东的《老照片》杂志写写文章，他们一直在收集老照片里的故事呢。"正在这时，他旁边的小女儿随口说了句："我爸爸他想写，但是我们没人会搞这个。"趁着酒劲，我爽快道："我来帮你写，找我算找对人了，我对你们过去的时代还算比较了解。"老爷子很开心地说："待会我回去给你找老照片，跟你说说过去的事。"

我在烟台是住在老太爷家里，房子没怎么装修，还有很多老物件，空气中仿佛可以嗅到几十年前的味道，用老太爷的话叫"原生态"，房子很大，但是只有他一个人，老伴已经去世

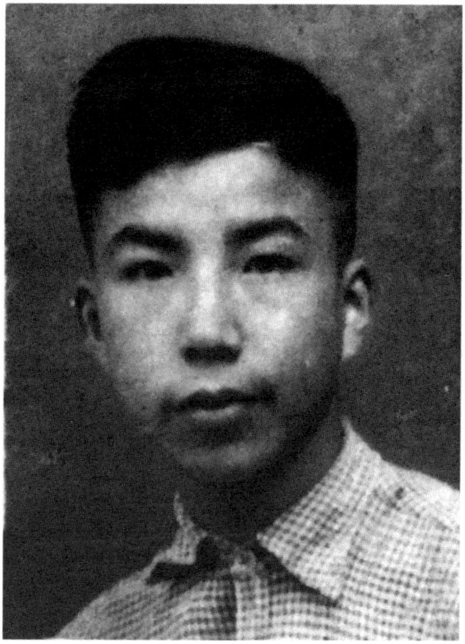

张鑫龙中学时代的照片

了。当晚，回到家里，我去卫生间洗澡，老太爷在房中饶有兴致地翻箱倒柜，找那些尘封的老照片。

他给我看的第一张照片是他的中学生照，应该是上世纪50年代初期的照片。从照片上看，当年的他是个意气风发的少年，很帅气，这种头像照在当时是很流行的。他就读的中学叫六合中学，现在叫六合高级中学，算起来，我和他也是校友。

中学毕业后，老太爷便在华东第二工业学校给排水专业读大学，华东第二工业学校是现在扬州大学的前身，始建于1952年。

在大学里，老太爷学习非常刻苦，成绩优异，当时大学学的是俄语，一方面当时中苏关系处于“蜜月期”；另一方面苏联当时援助中国156项工程，很多资料都是俄语，急需翻译出来，所以老太爷他们那代大学生就边学俄语，边翻译俄文技术资料，用他的话说，他们那时候是“速成班”，毕竟建国初期，国家急需人才和技术。除了学习俄语，他们还要学习数理化等知识，反正什么有用的都要学，一个礼拜十几门课程，比今天的大学生的课程要多，压力要大。不过好在那时候读书不要钱，吃饭也不要钱，由于家里比较贫穷，老太爷有时候晚上在学校里巡逻，还可以挣得三毛钱，在当时这也算不错的收入了，也算是勤工俭学吧。

1955年，大学毕业后，老太爷被分配到西安户县的国营惠安化工厂（当时对内叫“国营八四五厂”）工作，历任工段长、技术员、工程师、团总支副书记、党总支书记等职。刚进厂时，老太爷还是跟大学时期一样刻苦钻研技术，虚心向老师傅求教，厂里业余还要加强培训俄语，因为要组织人手翻译大量的苏联技术资料，所以一周有三天晚上要培训俄语。当时的工作和学习压力非常大，条件也很艰苦。

虽然艰苦，他们的业余生活却很丰富。由于他个子高，又喜欢打篮球，所以被选进了厂篮球队。他回忆说，打篮球时，苏联专家也在一旁看，欢呼喝彩，有时还会请他们吃饭喝酒。喝高了，苏联人总是又蹦又唱，高歌《莫斯科郊外的晚上》。这些苏联专家，是技术型干部，学生也跟在他们后面学习俄语，关系不错，但是苏联专家是不进入课堂给学生上课的，他们只是在技术上进行指导和管理，相当于今天的监理，例如一份工程图纸出来了，是否可以进行施工，首先要请苏联专家评估是否合理。虽然苏联专家提供一些技术上的指导，但是关键技术还是有所保留的，这点在沈志华教授写的关于中苏关系的

大学毕业时与同学合影（二排右一是张鑫龙）。

书中也有述及。1959年后，随着中苏关系的破裂，苏联专家一批批的撤走了。

苏联专家撤走后，厂里又恢复了学习英语，而且技术员如果想评上工程师职称的话，必须要会一门外语，所以老太爷又花力气学习英语，同时翻译技术资料，写技术论文，最终评上了工程师。

到了三年大饥荒，那时候大家都吃不饱饭，浑身浮肿，厂里很多人在路上走着走着就倒在地上。老太爷记得当时爬楼梯时，没有力气，要扶着扶手慢慢往上走。作为工程技术人员还算幸运，很多普通老百姓因为饥饿贫困而死。老太爷叹息道："当时三年大饥荒的日子真是苦啊，你们年轻人没有体会过那种饥饿感，非常难受的，至于全国到底饿死了多少人，具体我不知道，反正很惨，我也看到过饿死人的情景。"我说："官

1965年，厂篮球队合影（二排右二是张鑫龙）。

方统计的数字是2200万左右，估计也是保守统计，应该还不止。”后来厂里号召“自给自足，自力更生”，发动职工养猪种菜，缓解饥荒。

1966年，“文化大革命”降临，刚开始厂里停产，大家一起上街闹革命，老太爷回忆道：“当时毛泽东发表指示，像‘将文化大革命进行到底’‘要文斗不要武斗’等等，不少人深更半夜出来游行示威。还有我们也要学跳‘忠字舞’，厂里成天开会学习毛泽东思想和毛泽东著作，《矛盾论》和《实践论》都要读的，每天还要对着毛主席像‘早请示晚汇报’，给毛主席请安，不敢有半点怠慢。那时候天天街上厂里闹哄哄的，往日的平静生活被打破，人心惶惶啊，生怕被戴帽子游街批斗。”

我接着问老太爷：“你当时有没有受到什么迫害？”他答道：“我是差一点就被批斗，因为家庭出身不好，我们家里有海外关系，但是因为我在厂里经常组织文娱活动，与工人们关系融洽，所以当时工人纠察队放了我一马。不过刚开始也是要写检查，交代家里历史问题，由于我所在的厂是军工系统，所以审干是极其严格的，祖宗三代都要挖出来的，成天提心吊胆，做事说话，谨小慎微，马虎不得。”我又疑惑道：“家里有什么海外关系？”他慢慢道来：“我有一个三姐，他的丈夫是国民党官员，1948年他们全家撤离到台湾，直到1993年5月，三姐带着儿子媳妇从香港绕道回到南京，我们见了一面，感慨万千。至今，我与三姐的子女后代们保持着较好的联系，2011年我去台湾旅行，她儿子请我们吃饭的。”讲到此，老太爷点了支烟。

他继续说道：“除了台湾关系外，我们家还有日本关系，你听我慢慢说。我的舅舅的儿子，因为家贫，1945年和几个朋友一起漂洋过海去了日本发展，当时很多人去海外赚钱，后来这个亲戚在日本发展得还不错，扎根在那里了，我与他们联系不多，不过我那个二哥与他们联系较多，就是你的二老太爷，说到他，‘文革’时期受的罪就多了。二哥除了海外关系这一条罪状外，还有一条罪就是他在国民党执政期间做过警察，后来就翻他的旧账，让他交代做警察时期有没有做过坏事，又因为海外关系，还让他交代有没有‘里通外国’做情报工作，唉，他被斗得很惨，不过幸运的是，总算活下来了，逃过了一劫。”

我追问道：“那你们厂，‘文革’中有没有斗死过人。”

他赶忙说道：“有，怎么会没有呢，死的人多呢。我虽然没有被斗，但是很多工人被残酷批斗，主要因为家里有人在

张鑫龙的三姐及三姐夫

2011年，张鑫龙访台时与三姐家人的留影。

国民党时期担任过官职，家庭成分不好，批斗他们的手段很残忍，把他们绑在椅子上面，用几十瓦的电灯泡烤脸，不让他们睡觉，那个热量多么大啊，很多人眼睛都烤坏了。不交代问题就拼命打，直到你交代问题，有的人被折磨的受不了，就胡乱交代，审查人员也不问三七二十一，就记录给定罪，打成‘反革命分子’……”

老太爷吐了口烟，唏嘘不已，又继续说道：“其实，早在1957年时候，就有场‘反右运动’，当时除了‘五种人（地富反坏右）’，后来又多了一种人就是‘牛鬼蛇神’，实际上指的是知识分子，很多人无意识中讲了些话，就被告密，说他们反对‘三面红旗’、反对毛主席，从而被打成右派，不过这些没有‘文革’那么厉害。‘文革’后来中央提出‘一手抓革命，一手抓生产’，所以当时厂里恢复了生产。不过，厂里的造反派和保守派斗争很激烈，互相打斗，连枪炮坦克都用上了。”我惊讶道：“这么严重，都用上坦克了啊。”他解释道：“因为西安地区有很多军工系统，生产武器，所以有这些东西，两派人争得你死我活，都在说自己是‘誓死捍卫毛主席革命路线’。记得厂里保守派还搞过‘尸体展览’。”我问道：“什么是‘尸体展览’？”他回答道：“就是用氟利昂把死去的自己人的尸体泡起来，进行防腐处理，然后摊在地上让人们看，有的人心脏都被挖除了，那个惨象让人作呕。保守派之所以这么做就是强调这是造反派干的，借此也可以鼓舞自己一方的士气。至于这些人到底怎么死的，至今仍然是个谜。顺便提一句生产方面的事情，当生产任务下来后，两派中谁掌权谁就来组织完成生产任务，但是工人不够，因为有的工人是属于另一派的，他们被打跑了，于是领导干部亲自下去劳动。”

听完老太爷的叙述，我想这真是很荒诞的年代，人与人之间这么残酷的斗争，有什么意义呢。

“文革”结束后，1981年，老太爷为了解决子女的就业问题，调来烟台合成革厂工作，举家迁到了烟台。家里存有一张临行前，与原来的惠安化工厂的同事们的合影，大家关系都很不错，照片上的人有的至今还有些联系。

老太爷调到合成革厂后，曾在生产准备处、工程处、总调指挥部工作；1982年任合成革厂供排水车间主任、党支部书记；1984年调到工会任副主席、党委委员；1988年任工会主席等，直到1996年才退休。1998年到2004年又被任命为合成革厂

1981年，张鑫龙（一排右四）调离前与同事们合影留念。

张鑫龙（右二）担任烟台合成革厂工会主席时，接待艺术家田华。

总厂老年服务公司经理，发挥余热。

说到烟台合成革厂，也是名声赫赫，是烟台很大的一家企业，现在的烟台万华集团也是基于此一步步发展壮大成为国内外知名企业的，其中自然离不开集团里老辈人的艰苦奋斗。谈到万华集团，老太爷拿了本《与改革同行——万华发展30年回忆录》，这是万华集团成立30周年时编印的集子，里面收录了很多文章和老照片，也收录了老太爷的一篇《攻关——建设污水处理厂记实》，回忆了过去的艰苦岁月。这本集子里有胡耀邦、朱镕基、习仲勋和谷牧等领导人视察万华的照片，说明改革开放后，国家很重视这家企业的发展。

老太爷后来在合成革厂主要负责工会工作，也负责接待来厂里演出的演员，像著名艺术家田华、于洋等。

时任上海市市长朱镕基考察烟台合成革厂时，与厂领导合影（右二为张鑫龙）。

如今老太爷回忆起在合成革厂工作的岁月，总有说不完的话。他还说到一件事，1982年，他曾经想回故乡的扬子乙烯厂工作，并向扬子乙烯厂递了申请，对方也给了回信，表示同意调他去，但是合成革厂不愿放他走，因为他是工程师，厂里当时很缺工程技术人员，给他的答复是没有收到对方的回信，后来这事就不了了之。直到退休后，原来厂里人事处的老同事才跟他提到这件事，告诉了他事情的原委，老太爷心里有说不出的滋味，但人老了，也便释怀了。

在老太爷家，看了很多老照片，听他说了很多老故事，也算是旅行中的意外收获吧，每张老照片背后都有很多说不尽的老故事，只可惜时间太紧，不能在烟台多待上几日，多听听老太爷的回忆。

回忆学生连

许学芳

“文革”时期，“文革”前入学的大学生被划为“旧知识分子”，虽也曾被叫做“革命小将”，但最终还是成为“被改造的对象”。毛泽东主席特别不满意文科大学，他说：“大学还是要办的，我这里主要说的是理工科大学还要办。”按照毛主席的指示，从1969年起，“文革”前入学的文科大学生毕业后，除了身体确有疾病或女生已婚怀孕的，一律去部队锻炼一年，然后再分配工作。

去部队锻炼的文科大学生一共有两批：1969年第一批，1970年第二批。我参加的是1970年那一批。1970年9月，我们山东师范学院中文系、外语系、艺术系和山东英语专科学校的近二百名那一年毕业的大学生（因为“文革”，已延期一年毕业），被安排到中国人民解放军六一六七部队靠近海边的一个农场接受锻炼，在那里我们一共待了一年零四个月。

部队单独为我们建了一个学生连，连里的干部、各排排长以及炊事班、卫生员都是部队派来的。图1就是我们即将离开农场时学生连全体成员的合影。因为锻炼已基本结束，工作分配也有了着落，所以大家的心情是愉快的，穿戴也比平常好了许多。集体合影20天后，学生连就解散了，大家各自奔向自己的工作岗位。

学生连分四个排，我在三排十班。十班的班长是程源明，副班长是牛素娥，团小组长是张学长，我们戏称他们仨是“班首长”。后来，程源明当了三排副排长，十班的班长换了方业君。图2就是我们十班的合影，但缺了两个人：常显金和刘顺林。照相那天他们外出了。十班是一个很让人怀念的集体，战斗力极强，有特殊任务，连里总爱派我们十班去。在北大洼，深0.8米、上口宽1.2米、底宽0.6米的排碱沟，我们十班男的女的都算上，平均一人一天能够挖四十三米，在全连排第一。一次，连里从我们班抽八个男生去马场种豆子。马场没有播种机，只有一台链轨拖拉机，我们就用一根长长的木棍绑上六架双头耧，一个男生扶一架，前面拖拉机牵引着，我们在后面摇耧播种。正是盛夏，闷热无风，我们的衣服全湿透了。那是一片刚改造好的广阔的盐碱地，周围一个人影也没有。热得实在受不了，除了开拖拉机的那个志愿兵老方之外，我们八个男生

图1 前数第四排，右七是学生连指导员刘永森，右八是农场张场长，右九是四十八团李团长，右十是六一六七部队刘副师长，右十三是学生连连长丁桂溪。倒数第二排最左边戴眼镜者是我。

图2 十班合照。前排左起：武书珍、王维奇、牛素娥、牛世莲。中间左起：孙显亭，排长孙启胜，连长丁桂溪，学生连文书、常跃岭。后排左起：我、程源明、方业君、张学长、苏连馨。

全把衣服扒了，裤头也不穿，全裸着身子，紧跟在拖拉机后面扶耧种豆。恰巧刘副师长（图1第四排坐在中间者）来马场视察，看到这副干劲朝天的场景，大受感动，反复叮嘱马场的领导说："这些学生太能干了！太辛苦了！中午给他们加俩菜——加俩菜！"

去部队锻炼，我们就开始领工资了，每月42元5角，是大学生毕业后的见习工资。这个数目在当时不算低，有的公社书

图3 农场三人照。左起：三排长孙启胜、指导员刘永森、我。地点：三排男生宿舍前。

记也就拿这么多。那时社会崇尚艰苦朴素，在部队锻炼更是如此。平常我们穿的是部队发的旧军装，连里还有专门为大家缝补衣裳的缝纫组。图3是1971年初春我跟指导员和三排长的合影。照片中，我穿的棉袄是我母亲亲手给我做的，穿了几年前襟已经磨破，有几处还露出了棉花。那时大家穿得都很破，一是环境如此，二是大家也习惯了。这件棉袄，我在农场穿它，回家探亲穿它，后来我分配到济南一家报社去单位报到时穿的还是它。那时候，穿这样的衣服不丢人，甚至还有点自豪。

说起穿戴，还有件趣事。1971年批判日本军国主义，部队组织我们去潍坊看内部电影《啊，海军》《山本五十六》。为此，连里提前几天就开会，要求大家去时衣服穿好点，把箱子里最好的衣服拿出来穿上，并说穿得再好也不算是“资产阶级思想”。可真去潍坊了，大家穿得比平日还差。有的男生，胡子长了也不刮，衣服扣子掉了也不钉，拦腰扎一根稻草绳，戴一顶三大扇的破棉帽，简直就像电影里的土匪。一辆辆卡车把我们拉到潍坊，下了车我们排着队唱着歌，昂首挺胸走在大街上，引来不少居民观看。有人错把我们当成潍北劳改农场（那家劳改农场就在我们农场旁边）的劳改犯了，但也有人疑惑：劳改犯怎么都这么年轻呢？唱起歌来气势还这么壮！我们听了，心里颇为得意。

学生连的伙食不错，至少比大学里强多了。来农场后，我们的粮食定量是每月45斤，一半细粮，一半大米、小米。学生连自己养猪、养羊、养鹅鸭，自己种菜，池塘里还养了一些鱼，粮、菜、肉、油都很充足，吃饭管够，不限量。图4就是我在学生连池塘边照的相。照片中，我身上穿的是部队发的旧军装，下身膝盖处破了，打了两个大补丁。我身后那排房子是我们三排的男生宿舍，宿舍后面是猪圈，猪圈后面是伙房。这不是我们学生连营房的全貌，全貌要比这个大得多，三个排的男生宿舍、四个排的女生宿舍、连部和我们的篮球场，都没摄入镜头。

农场的活是很累的，育秧、插秧、割稻子、运稻子、打稻子、打马草、种豆子、割豆子、挖排碱沟，每一样都很费体力。光是干活也就罢了，还要突出政治，一边干活，一边还要喊口号、念语录、唱革命歌曲，体力和精力都觉疲劳。学生连里有几个干活经常晕倒的同学，晕倒了还有气无力地喊口号。

我们私下里议论，说第一次晕倒可能是真的，经常晕倒就极有可能是装的了，是身体实在撑不住了，借了晕倒歇歇气。议论归议论，但从没人揭破，也不能揭破。这样的“突出政治”搞多了，人也就变油了，有时甚至能搞出些“乐子”来。1971年秋天，部队要学生连去北大洼帮马场打马草。那是一片大草原，一马平川，无遮无挡。学生连近200个男女共同在那里干活，上厕所就成了问题。于是，连里便抽四个人在草场挖厕所（在平地上挖个大坑，周围筑一圈土墙），一排抽的是寇星月，二排抽的是王振廷，三排抽的是我，四排抽的是贾化文。挖厕所也要突出政治啊！我们四个都是中文系的，在大学里就很熟。熟人聚一起，也搞念语录、唱歌曲那一套，觉得没意思，于是我们就瞎编了刘少奇的一个“谬论”——“厕所无用论”，开展“革命大批判”。我们一边干，一边批，一边笑，四个人笑得腰都直不起来了。学生连打马草，住在一个叫“央子”的村子里。我们一人扛一把长柄大镰刀，早出晚归，午饭也在草场上吃。村里人很好奇，有人就编了一段顺口溜，用来形容我们：“男的多，女的少，修的厕所像碉堡。早晚不见日头面，昂着脖子唱‘大刀’。”“唱大刀”，是指我们上工的来回路上经常唱那时的时髦歌曲《大刀进行曲》。

学生连的文娱生活也是活跃的，特别是刚来农场的时候，几乎每周放一次电影。学生连自己也演节目，连里要求每个班、每个人都要上台演出。而且不会演节目的人上台演节目，反而效果特别好，一台节目演下来，大家从头笑到尾，能把全连给笑瘫了。学生连还有个文艺宣传队，有个篮球队。学生连篮球队每年都去师里打比赛，一次得过第四名，一次得过第六名。我也是学生连篮球队的一员，但我不是主力，是打替补

图4 我的单人照。选景不错，可惜洗反了。

的。学生连篮球队的主力是王福君、老穆、张金海，他们三个在大学里就是校队的主力队员。图5就是我在学生连球场练球时，十二班的徐中原给拍下的。

在农场，我们除了劳动、政治学习外，也搞军事训练，

图5 这张照片，我拿来给大家看，不是看我怎样投篮，而是让大家看我们学生连伙房墙壁上刷的那条标语，能让你一下就想起那个时代。

搞拉练。我们打过靶，也扔过手榴弹，扔手榴弹是在一段高高的土坝上，土坝上筑有一道围墙，我们就站在围墙后面，两边还有两个解放军战士保护着，隔着围墙把手榴弹往坝下扔，一般是手榴弹刚到坝底就爆炸了。打靶、扔手榴弹，我们都没出什么事故。在搞紧急集合的时候，学生连出了很多洋相。紧急集合一般是在下半夜，哨子一响，不准开灯，5分钟之内，各人摸黑把背包打好，到院子里集合。经常是队伍都站好了，屋子里还有人在打背包。黑夜里队伍拉出去，回来时天就亮了，一路上不断能看见被踩坏了的牙膏。学生连拉练，一路走到寿光，在寿光侯镇住了半个月。腊月底又走到寒亭，在寒亭一个叫“官庄”的村子里过的春节。除夕夜，我们吃的是大包子，吃完包子连里要求各排搞点文艺节目，但是没有搞起来。我们三排全体男生住在一间大房子里，排长怕我们情绪不好，就给我们讲笑话。讲了一个，大家不笑，又讲第二个。第二个讲完了，大家还不笑，而且一个吭声的也没有。排长也生气了，说：“不讲了！睡觉！”这是我有生以来第一次不是在家里守着父母而是在别的地方过春节，我很难过。大家躺下了，仍然没人说话，很长时间睡不着，大家都想家。这个大年夜，过得真惨！图6最右边的就是我们排长，那时他也很年轻，跟我们年龄差不多，也许还比我们小两岁。其实，他也想家。

刚到农场时，学生连就宣布了“五不准”：不准闹派性，不准搞串联，不准谈恋爱，不准家属探亲，不准回家。“五不准”的前三条，学生连执行得很严，“五不准”的后两条却很快就被打破了。来农场刚一个月，有的同学的亲属（都是妻子来看丈夫）就来探亲了。虽然连里明文规定不准探亲，但既然来了，就得好好招待。连里没有多余的房子，来探亲的家属就被安排在营房后面看水田的干打垒土屋里。整个锻炼期间，学生回家探亲的极少。我就是这极少数中的一个。1970年冬天，我突然接到家里一封信，说我母亲病了。那时父亲刚刚去世，母亲身体不好，住在农村，我非常挂念。接到来信，我就哭了。我想回家，但又知道规定不准，班里开会的时候，我控制不住自己，发了牢骚，话说得非常出格。我说："革命，革命也不能不要娘了！"班长方业君立即向连里汇报了，他的本意也不是告发我，而是为了给我请假。晚上连里"点名"，会上指导员不点名地批评了我，说有的同志接受再教育的态度不端正，要注意正确处理公与私的关系。其他排的人不知道批评的是谁，我们排的人都知道批评的是

图6 农场四人照。左起：我、徐中原、指导员刘永森、排长孙启胜。

图7 前排左起：苏兰珍、指导员刘永森、四排十五班班长（原谅我，我记不起你的名字了）；后排左起：贾化文、袁庆良、我、刘华蜓、朱绪常。地点：山师教学楼前。

我。但批评归批评，晚点名一结束，副排长程源明就找到我，说指导员说了，明天部队有一辆汽车到坊子拉煤，要我别让场部知道，悄悄爬上那辆车回家去看看，准我两天假。第二天一早，我就爬上运煤车回家了。

学生连对我们的管理开始很严，后来就宽松了。在农场锻炼的最后一个月，连里已允许学生中的“同学夫妻”定期同居，已明确了恋爱关系但还没有结婚的恋人也可以在规定时间里单独相处。在那样的年代和环境条件下，能做到这样，值得称赞。我认为，学生连的管理者对学生连的工作是尽了心的，对我们也是善意的、友好的、真诚的。连长丁桂溪是湖南人，指导员刘永森是绥远人，都是抗美援朝的老兵。我们离开农场不久他们就转业了，连长回了湖南，指导员去了山东安丘，在安丘一所卫生学校

图8 在营房前面的菜地留影，前排左起：苏连馨、武书珍、排长孙启胜、牛素娥、刘顺林、孙显亭、常跃岭。后排左起：我、程源明、张学长、副连长、副指导员、司务长、方业君、孙德录（后来转入十班的）。

担任党支部书记。上世纪80年代，我、程源明、方业君曾一起专程去安丘看望过指导员。我们离开农场的第二年，指导员也专程来济南看望了分配到济南的学生连老战友。

最让我忘不了的是十班的战友。一年多的共同生活，朝夕相处，我们结下了很深的友谊。我忘不了班里的每一个人，忘不了他们对我的每一次安慰、每一次关心、每一次帮助。至今想来，历历在目！图8是我们班快要分别时的合影。劳动锻炼结束后，程源明留在了六一六七部队，张学长去了六十七军，方业君去了石油学院，牛素娥去了大连，武书珍去了重庆，刘顺林分到省外贸，王维奇和常显金去了青岛（他俩都是青岛人），苏连馨去了德州，孙显亭、牛世莲去了聊城，常跃岭去了菏泽，我去了济南。此后，十班的战友天南海北、各奔东西，有的我们见过面，有的则再也没相见。这张照片仍然没有常显金，不知他为什么总是错过了十班的集体照。2003年我去青岛，曾几次打听他，也没打听到，只隐约知道他在崂山，干法律工作。

学生连的事都过去40多年了，但在我的记忆里却依然清晰。我清楚地记得：1971年12月30日，当锻炼的日子全部结束，汽车拉着我们这些学生离开农场时，许多同学流泪了。说真的，那时候要让我们任何一个同学在农场哪怕多待一天也没人乐意，但真要离开了，却又让人如此留恋，如此割舍不得！你要问为什么？留恋什么？我到今天也说不清。

半个世纪的回忆

于广生

我是1960年9月15日从鞍山师范学院数学系毕业的。

1958年“大跃进”，各行各业都在跃进，教育战线也同样“大干快上”。鞍山师范学院和辽阳师专都是在这一年成立的，由于鞍山师范学院的校舍没有建成，故迁到辽阳，与辽阳师专合并，校名为鞍山师范学院，学制三年。一年后，鞍山师范学院校舍建成，学院搬回鞍山。基于当时的需要，我们几个班提前一年毕业了。

我是1958年考入学院的，所在班级是数学系23班。全班共有36名同学，生源可分为三个部分：一是应届高中毕业生，是通过高考入学的，这些同学大部分家庭出身和社会关系都有些“问题”，在当时的政治条件下是进不了理工科大学的，这些同学在班级里的社会地位是可想而知的；二是从“中师”保送来的，这部分同学在当时是“又红又专”的，是班级里的骨干；三是调干，即保送深造的，他们的政治条件好，但文化水平较低。可见，当时班里的阶级路线是非常分明的。虽然当时的政治气氛非常浓，但我们班的同学还是比较团结的。

一

入校后，首先是政治学习，端正思想。当时我们这些青年学生的头脑中“学好数理化，走遍天下都不怕”的思想根深蒂固，认为学理工有前途、有发展。另外，我们还受“家有三斗

1959年春节，于沈阳故宫凤凰楼。左起：于翰翘、作者。

粮，不当孩子王”等轻视教师工作的社会影响，不愿做老师。针对这些情况，学院对我们进行了正面的教育。同时，还要参加建校劳动。因学校是初建，要干的活很多，而我们这些青年学生正是最好的劳动力。

秋收的季节到了，我们又下乡劳动，帮生产队收割庄稼。学校要求我们同贫下中农同吃同住同劳动，改造世界观，接受贫下中农再教育。还要学习解放军，在劳动之余，给社员家挑水，扫院子，干些零活。农活很累，同学们耳朵、脸晒黑了，手磨出了血泡，但大家的干劲非常足。从农村回到学校，本想能上专业课了，但是马上又来了新任务。

在“大跃进”的年代，评价一个国家是否强大，主要是看钢铁的产量多少。所以，全国掀起了“以钢为纲”、“保钢铁元帅升帐”、大炼钢铁的热潮。小高炉、脚踢炉，遍地都是。由于焦炭奇缺，我们又参加了炼焦大会战。

十月下旬，全院师生来到辽阳铧子煤矿炼焦场地参加炼焦劳动。当时炼焦完全是土法，在山坡上挖坑，修成园窑，装上原料，用火焖烧。漫山遍野处处都是烟火。我们的任务是先把混合好的原料用独轮车送到窑里，把炼好的焦炭送到山下。开始，我们不会推独轮车，走不了几步就翻车了。几天后，也就熟了，坡陡的地方推不上去，需要有人用钩子往上拉。这些劳动完全是体力活。

炼焦的原料是煤粉、沥青等混合物。特别是沥青，对人的皮肤刺激性非常大，接触到沥青的部位会立即出现皮疹、痛痒、红斑等症状。

所以，每天上工前都要做好防护工作：满脸涂上厚厚的雪花膏，再涂上牙粉，眼睛贴上透明的玻璃纸，戴上风帽、口罩、手套、套袖，鞋面盖上帆布罩。这些工作就绪后才能上工。

此时，东北的天气已经很冷了，特别是夜班，在空旷的山野里，干起活来仍满身是汗，一休息，寒风一吹，浑身冰凉，冷极了。但这一切对我们来说，的确是很好的锻炼。

近十二月份，我们才回到学校，零星地上了几天专业课。

二

转眼到了1959年。大家都想多学些知识，学习的热情很高。由于当时的政治气氛非常浓，除了专业课的学习外，更多的是政治学习。每个人都要制订“红专”规划，先在小组会上宣读完，由大家提出意见，经修改后再取得通过。同时，还开展了拔“白旗”的运动，对当时认为不健康的言行进行批评帮助，事事不能忘记阶级斗争，使一些同学在思想上总有一些压力。

这样的学习生活也没有持续多久，我们又被组织去矿山劳动。

5月4日，全院师生来到了海城下房身镁矿参加劳动。每天由矿山工人打眼、放炮，然后部分同学系上安全带到山上把浮动的矿石撬下来，以消除矿石滚下山的危险。之后，下面的同学便抡起大锤把矿石砸成小块，用矿车运到山下。这项劳动是非常危险的，既要防范山上落下的大石伤人，又必须戴上纱罩，防止打石头时伤着眼睛。而且矿车下滑的速度很快，经常掉轨翻车。所以，处处都要小心。在矿山劳动近一个月后，我们才返校上课。通过这些劳动，我们的确受到锻炼，不仅学到了书本上没有学到的东西，而且增强了体质和培养了克服困难的勇气，对我们后来的工作和学习大有益处。

三

1960年。开学后，我们上了一个阶段的专业课。各项活动非常多，首先是教学改革，师生共同参与。4月份整一个月没有上课，教育革命的浪潮猛涨，整个学校都沸腾了。大鸣大放，大破资产阶级的教育体系，对一些现行的教材进行了批判，认为所学教材脱离实际，要大破大立，各系都写出很多批

1959年于鞍山二一九公园。左起：柏永和、作者、刘纯正。

1959年秋收劳动，于辽阳小闾屯同房东一家合影（中间为房东一家四口）。左起：刘永厚、韩久昌、徐庆瑞、鲁明星、周富润、作者、臧宝书。

判材料，作为成果送到学院进行展览。

同时，学院组织我们几十个人到当时教改搞得较好的鞍山三中参观学习。这次参观对我们启发很大。他们使用幻灯、电影搞电化教学，并制作了一些教具，有些是半自动的，提高了教学质量。现在看来这不算什么，但在六十年代初，的确是很了不起的。

在教育革命的高潮中，还要大搞科研。这是个头脑发热的

1960年，于鞍山二一九公园。左起：前排吴丽娟、张玉贵、赵玉香，后排于翰翘、作者、刘永厚。

年代，我们毫无目标，不知道搞什么，但必须要搞，这是个立场问题。当时，某个大厂传出喜报，他们搞出了一种叫强化器的东西，既节约燃料又省时，效率提高好多倍。我们就去该厂取经，原来这个厂有蒸汽锅炉，烧水、食堂做饭、浴池烧洗澡水都使用蒸汽锅炉。这种强化器是把一根钢管的头部砸扁，在中间安上矽钢片，接通蒸气后，发出尖叫声，然后把它放入水中，水很快就沸腾了。回校后我们照样去做，但学校里没有蒸汽锅炉，只好用烧开水的大炉子里的蒸气，整了一夜也没把浴池的水烧热。现在回想起来，真是太可笑了。

7月份，又轮到我们班参加劳动。到鞍山长甸铺建设学院化工厂。天气炎热，住在潮湿闷热的工棚里，干的都是力气活，每个人的后背都被太阳晒掉了皮，晚上疼痛难忍。但大家都积极上进，没一个人叫苦。我们班劳动期满，本应由下一个班来接替，但当时正值雨季，辽阳又突发百年不遇的大水，在学校的同学都去防洪了，没人接替我们，只好继续干下去。

临近暑假，大家都想休息一下，也更想回家。可是由于洪灾，暑假我们仅休息了一周。

9月1日，新学期开始了，同学们都按时返校。按学校的教学计划，要搞开门办学，要到工厂或农村去。我们每个人都做好了出发的准备。从1号到9号，既没上课，也没安排任何活动，大家都不知道是怎么回事，都以为要去的地方没有落实好，耐心等待着。到了9月15日，学院突然宣布我们几个班提前一年毕业，我们的大学生活就这样提前结束了。

四

转眼之间，我们都已过了花甲之年，从各自的工作岗位上退了下来。人到老年，总愿意回忆过去的一些事情。对我们来说，对火热的大学生活和老同学的思念也更强烈了，总想大家能见上一面那该多好啊！特别是赵国枕同学患了脑血栓，行动起来不方便，想见老同学的愿望最是强烈。当时我和赵国枕、宋辉、李景岳、窦桂芹等同学商议，想尽办法联系其他同学。经过两个月的准备，于2004年9月15日在辽阳汤河风景区金城宾馆举办了第一次同学会。此时大家已分别四十四年了。

当天，我们在辽阳火车站迎接各地的同学，在众多的人群中，老同学见面都有些不认识了，甚至擦肩而过，可见岁月是不饶人的。

上午10时许，聚会在《同一首歌》的乐曲声中开始。触动人心的乐曲使大家异常激动，当唱到“鲜花曾告诉我你怎样走过，大地知道你心中的每一个角落，甜蜜的梦啊谁都不会错过，终于迎来今天这欢聚的时刻”时，同学们都已热泪盈眶了，学生时代的一切又都浮现在眼前……

班长李秀清首先讲话，她已泣不成声了，待平静下来才把话讲完；接着团支部书记邱雅清大姐也讲了话。同学们要说的

毕业照。三排左六为作者。

话太多了，只好把叙旧的时间安排到晚上。

为欢庆这次聚会，晚间在宾馆门前燃放了礼花，姹紫嫣红的礼花照亮了每个同学的笑脸。焰火声和大家的欢声笑语交织在一起，对这些年过花甲、来自各地、分别四十多年的同窗学友来说是多么珍贵呀！回到屋子里，大家坐在一起，每个人都简要地介绍了自己的状况，更多的是对当年大学生活的回忆。每个人又仿佛回到了那纯真质朴的学生时代，使自己的心灵得到一次净化。在欢乐的气氛中，大家都抑制不住内心的兴奋之情，唱起了一支支当年常唱的老歌。直到深夜回到各自的房间时，大家仍有说不完的话……

五

2010年9月15日，毕业整整五十年的我们，在辽阳的汤河风景区瓦子沟举办了第二次同学会。大家都已是古稀之年的老人了，年龄最大的邱雅清同学已过了八十寿辰。距上次同学会的六年时间里，又故去了五名同学。我们这样的年龄段有这样的聚会太难得了，大家都格外珍惜。由于年纪大，这次聚会没安排更多的活动，除洗温泉外，主要是见面、叙旧、休闲，大家都知道这样的团聚今后是很难再有了。

风风雨雨几十年，每个人都有自己的酸甜苦辣。我们这一代人经历的太多了，从“臭老九”到今天教师地位的提高，这个变化实在是太大了。到了晚年，赶上这样的好时代，大家心里都满足了。

我的几张电影明星照片

王乐光

我自小就是个影迷，在我记忆里，小时候曾看过很多电影，记的有《鸡毛信》《三毛流浪记》《大地重光》《南征北战》《赵一曼》《刘胡兰》及后来的《哥俩好》《五朵金花》《铁道游击队》《刘三姐》等。我还记得我曾在我们济南市经三纬二路上由外国人创建的济南第一个影院——广寒宫影院，看过苏联的一部影片《夏伯阳》。

计划经济时代，看电影是人民群众的主要娱乐活动，价格低，甲级票二角五分，乙级票二角，学生专场只七分钱，老百姓觉得值；企业里的职工往往在节假期间，以工会组织购票的形式分发给职工当作福利或慰劳品。在春节假期，有关部门会特意组织新片集中放映，让市民观看一场正如现在的“春节联欢晚会”。人们争先恐后，电影票便成了紧俏品，济南十多座电影院场场满员，即使各电影院加演通宵专场但仍然很紧张。我就曾为了看场电影跑过好几个电影院门前去等退票的。

上世纪60年代，有关部门发行了一套二十多位电影明星的单人巨照，并悬挂在城市各大影院门厅里供观众欣赏。后来这些明星照被照相行业翻拍成三寸照片在市场上出售，我作为一

图1

名影迷怎能落伍，也买了套保存留念，但后来市场上又出现了集二十一位明星单人照片在一张六寸的相纸上的新型明星照，独特又价廉，于是我便又买下保存了起来。图1就是我当时买的那张，上面还有“青岛隆云　冠县路57号”的标注，说明是青岛隆云照相馆的产品。自左至右的明星是：张平、庞学勤、秦怡、王晓棠、张瑞芳、赵丹、谢添、李亚林、于蓝、张圆、王丹凤、白杨、谢芳、于洋、王心刚、陈强、田华、上官云珠、金迪、孙道临、崔嵬。这些明星演员中像秦怡演的《女篮五号》、王晓棠演的《野火春风斗古城》及与于洋合演的《英雄虎胆》、张瑞芳演的《李双双》、赵丹演的《十字街头》与

《聂耳》、于蓝演的《江姐》、王丹凤演的《女理发师》、白杨演的《祥林嫂》以及田华和陈强合演的《白毛女》等等，都深深印记在亿万观众的心里。

1962年9月28日，由著名电影明星张瑞芳带队的“上海电影演员剧团”应邀来济南，准备自国庆节10月1日起在文化西路西首的山东剧院上演著名剧作家夏衍的《上海屋檐下》和著名剧作家曹禺的《雷雨》两部著名话剧，每日晚间一场，演出为一个月，消息一经发布便在市民中引起很大轰动。首先上演的话剧《上海屋檐下》为期半个月，其导演是应云卫和刘琼，演员有高博、李明、张雁、阳华、汪漪、狄梵等；《雷雨》的导演是赵丹与舒适，演员有舒适、上官云珠、王丹凤、夏天、冯笑、康泰、莎莉、徐俊杰等。

图2这张六寸照片是“上海电影演员剧团”雷雨剧组的十二位明星来济南后，慕名到经三纬四路附近的“皇宫照相馆”，让摄影师为他们拍下的合影照。皇宫照相馆是济南最早的照相馆之一，以其装饰风格古朴、华丽而著称，在我记忆里，其门前的浮柱上曾雕有一副对联，上联是“新时代的艺术摄影”，下联是“最摩登的艺术放大”（在“文革”中早已被破坏）。这次上海电影明星来此照相，为照相馆提高了知名度。第二年他们为了进一步宣传自己，特将这张合影照翻洗一批在馆内出售，以扩大影响，还特意在照片下方注上“上海电影演员剧团《雷雨》导演和演员任申、康泰、夏天、赵丹、舒适、徐俊杰、冯笑、沙莉、王丹凤、上官云珠、李明、凤凰”。幸运的是，我的一位初中同学刚毕业就参加了工作，恰在这家照相馆，所以我轻而易举地有了这张及下面讲述的另一张赵丹等五位男影星的三寸合影。由于上演的这两部名剧，我

图2

只观看了曹禺的《雷雨》，所以在下面就只能把观看此剧的过程回忆出来。

图3是一张16开对折的用新闻纸印刷的四幕话剧《雷雨》剧情说明书，并详细注明了各演职人员。《雷雨》曾被多次出演过，据记载曾于1953年由“北京人艺”演出过，影响很大。这次又由“上海电影演员剧团”演出此剧，其导演与演员都是家喻户晓的电影明星，又加上首获百花奖不久的著名美术设计师丁辰担任此剧舞台设计，众多的“著名”聚一起，怎能不轰动？我也按捺不住期盼的心情，十月中旬开始预售票了，2元

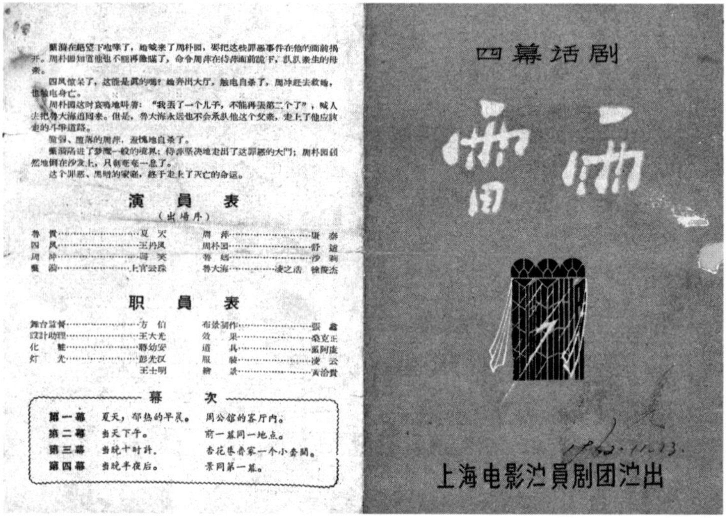
蘩漪在絕望下咆哮了，她喊来了周朴园，要把这桩罪恶事件在他的面前揭开。周朴园知道他也不能再隐瞒了，命令周萍在侍萍面前跪下，认认亲生的母亲。

四凤惊呆了，这能是真的吗？她奔出大厅，触电自杀了，周冲赶去救她，也触电身亡。

周朴园这时哀鸣地叫着："我丢了一个儿子，不能再丢第二个了"，喊人去把鲁大海追回来。但是，鲁大海永远也不会承认他这个父亲，走上了他应該走的斗爭道路。

懦弱、堕落的周萍，羞愧地自杀了。

蘩漪陷进了梦魇一般的境界；侍萍坚决地走出了这罪恶的大門；周朴园頹然地倒在沙发上，只剩奄奄一息了。

这个罪恶、黑暗的家庭，終于走上了灭亡的命运。

演員表

（出場序）

鲁貴	夏天	周萍	康泰
四凤	王丹凤	周朴园	舒适
周冲	[illegible]	鲁妈	沙莉
蘩漪	上官云珠	鲁大海	凌之浩 [illegible]

職員表

舞台監督	方伯	布景制作	張鑫
設計助理	王大光	效果	桑克正
化粧	蔣幼安	道具	[illegible]
灯光	彭光汉 王士明	服装	凌云
		繪景	黃治貴

幕次

第一幕	夏天，郁热的早晨。	周公館的客厅内。
第二幕	当天下午。	前一幕同一地点。
第三幕	当晚十时許。	杏花巷鲁家一个小套間。
第四幕	当晚半夜后。	景同第一幕。

四幕话剧

雷雨

上海电影演員剧团演出

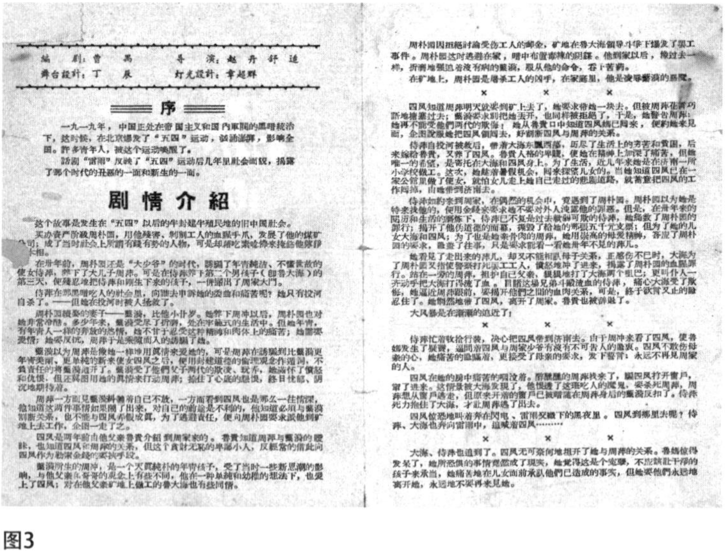
编剧：曹禺　导演：赵丹 舒适

舞台設計：丁辰　灯光設計：韋超群

序

一九一九年，中国正处在帝国主义和国内軍閥的黑暗統治下，这时候，在北京爆发了"五四"运动，波瀾澎湃，影响全国。許多青年人，被这个运动唤醒了。

話剧"雷雨"反映了"五四"运动后几年里社会面貌，揭露了那个时代的丑恶的一面和新生的一面。

剧情介紹

这个故事是发生在"五四"以后的半封建半殖民地的旧中国社会。

买办资产阶級周朴园，用他残酷、剥削工人的血腥手爪，发展了他的煤矿公司；成了当时社会上所謂有錢有势的人物，可是却终吃素唸佛来掩飾他猙狞的面相。

在卅年前，周朴园还是"大少爷"的时代，誘騙了年青純洁、不懂世故的使女侍萍，养下了大儿子周萍。可是在侍萍养下第二个男孩子（即鲁大海）的第三天，便残忍地把侍萍和刚生下来的孩子，一併撵出了周家大門。

侍萍在那黑暗吃人的社会里，向誰去申訴她的委曲和痛苦呢？她只有投河自杀了。——但她在投河时被人拯救了。

周朴园續娶的妻子——蘩漪，比他小廿岁。她养下周冲以后，周朴园也对她非常冷酷。多少年来，蘩漪受尽了折磨，处在牢籠式的生活中。但她年青，有年青人一样的奔放的热情，她不甘于忍受这种精神和肉体上的痛苦；她需要爱情；她要反抗，周萍于是乘隙而入的誘騙了她。

蘩漪以为周萍是像她一样地用真情来爱她的，可是周萍在誘騙到比蘩漪更年青美丽、更单純的新来使女四凤之后，便用封建道德的倫理观念作遁詞，不負責任的将蘩漪遺开了。蘩漪受了他們父子两代的欺凌、玩弄，她滿怀了憤懣和仇恨，但还冀图用她的真情来打动周萍；捺住了心底的悲憤，終日忧郁、阴沉地期待着。

周萍一方面見蘩漪紏纏着自已不放，一方面看到四凤也是那么一往情深，他知道这两件事情如果鬧了出来，对自已的前途是不利的，他知道必須与蘩漪割断关系，也不能与四凤弄假成真，为了逃避責任，便向周朴园要求派他到矿地上去工作，企图一走了之。

四凤是两年前由他父亲鲁貴介紹到周家来的。鲁貴知道周萍与蘩漪的曖昧，也知道四凤和周萍的关系，但这个貪財无恥的卑鄙小人，反經常的借此向四凤作为勒索金錢的要挾手段。

蘩漪所生的周冲，是一个天真純朴的年青孩子，受了当时一些新思潮的影响，与他父亲和哥哥的观念上有些不同，他在一种单純和幼稚的想法下，也爱上了四凤；对在他父亲矿地上做工的鲁大海也有些同情。

周朴园因拒絕討論受伤工人的卹金，矿地在鲁大海領导斗爭下爆发了罢工事件。周朴园这时逃避在家，暗中布置毒辣的阴謀。他到家以后，像过去一样，折磨地强迫着沒有病的蘩漪，服从他的命令，吞下苦药。

在矿地上，周朴园是屠杀工人的凶手，在家庭里，他是凌辱蘩漪的惡魔。

× × ×

四凤知道周萍明天就要到矿上去了，她要求带她一块去。但被周萍花言巧語地搪塞过去；蘩漪要求别把她丢开，也同样被拒絕了，于是，她警告周萍：她再不能受他們两代的欺侮！她从鲁貴口中知道四凤媽已回来，便約她来見面，企图說服她把四凤領回去，好割断四凤与周萍的关系。

侍萍自投河被救后，带着大海东飄西荡，历尽了生活上的劳苦和貧困，后来嫁給鲁貴，又养了四凤。鲁貴人格的卑賤，使她在精神上加深了痛苦，但她唯一的希望，是寄托在大海和四凤身上。为了生活，近几年来她是在济南一所小学校做工。这次，她趁着暑假机会，回来探望儿女的。当她知道四凤已在一家公館里做了使女，就怕女儿走上她自已走过的悲剧道路，就蓄意把四凤的工作回掉，由她带到济南去。

侍萍如約来到周家，在偶然的机会中，竟遇到了周朴园。周朴园以为她是特来找他的，便用金錢来要求她不要对外人洩露他的罪惡。但是，在卅年来的閱历和生活的磨炼下，侍萍已不复是过去軟弱可欺的侍萍，她痛数了周朴园的罪行；揭开了他伪道德的面幕，撕毁了給她的那張五千元支票；但为了她的儿女大海和四凤；为了也是她亲骨肉的周萍，她用崇高的母爱精神，答应了周朴园的要求，隐瞞了往事，只是要求能看一看她卅年不見的萍儿。

她看見了走出来的萍儿，却又不能相认母子关系，正感伤不已时，大海为了周朴园又指使警察打死罢工工人，憤怒地冲了进来，揭露了周朴园的血腥罪行。站在一旁的周萍，袒护自已父亲，狠狠地打了大海两个嘴巴；更叫仆人一齐动手把大海打得流了血。目睹这場兄弟斗毆流血的侍萍，痛心大海受了欺侮，她逼近周萍跟前，要揭开他們之間的血肉关系，可是，終于欲言又止的隐忍住了。她悄然地带了四凤，离开了周家。鲁貴也被辞退了。

大风暴是在漸漸的逼近了！

× × ×

侍萍忙着收拾行装，决心把四凤带到济南去。由于周冲来看了四凤，使鲁媽发生了疑竇，逼問着四凤与周家少爷有沒有不可告人的隐衷。四凤不敢伤母亲的心，她痛苦的隐瞞着，更接受了母亲的要求，发下誓言：永远不再見周家的人。

四凤在她的房中痛苦的啜泣着。醉醺醺的周萍找来了，騙四凤打开窗戶，窜了进来。这情景被大海发現了，他恨透了这班吃人的魔鬼，要杀死周萍，周萍想从窗戶逃走，但原来开着的窗戶已被暗藏在周萍身后的蘩漪反扣了。侍萍死力拖住了大海，才让周萍逃了出去。

四凤惊恐地叫着奔在閃电、雷雨交織下的黑夜里。四凤到哪里去呢？侍萍、大海也奔向雷雨中，追喊着四凤……

× × ×

大海、侍萍也追到了。四凤无可奈何地扭开了她与周萍的关系。鲁媽惊得发呆了，她所恐惧的事情竟然成了現实，她觉得这是个冤孽，不应該让干淨的孩子来承当，她痛苦地在儿女面前承认他們已造成的事实，但她要他們永远地离开她，永远地不要再来見她。

图3

的票价能看8至10场电影，在当时已属价格不菲，但让我吃尽了苦头的是一票难求。我那时还是学生，为了能看《雷雨》，我在我父母跟前献殷勤十多天，让父母获得了好感，临近又向父母说好话磨破嘴终于得到了2元的“辛苦酬劳”。但是，这2元钱被我小心翼翼地放在衣服口袋里十多天也未能花出去。起初，我不了解情况，老是按常规到剧场售票口购票，天天看到的是“客满”的挂牌，于是我又“重操旧业”学赶场电影的办法到剧场门前等退票的，连续两天皆落空。没办法，我早上早起，五点就赶去买票，结果排的队伍还老长就又挂出了“客满”的红底白字的牌子。这次虽然失败，但获得了“榜样”信息，听说有的观众为了能买到票晚上抱着铺盖睡在了剧场门前预售票口处。月底到了，眼看没希望了，正感到无望，忽得消息称上海电影演员剧团见到济南观众如此踊跃热情，决定演出期限延后。我又振作了起来，决定效仿“榜样”精神——“露宿街头”。然而父母拒绝了我的想法，原因是怕我有闪失出意外，最后采取了个折中的办法。第二天晚饭过后，父母早早催我上床睡觉，午夜过后快三点时将我喊醒，给我穿上准备好的棉猴大衣。我拿着一个棉布椅垫子并揣了一个窝窝头，很快赶到了山东剧院门前，按顺序排在已有近三十多米长的同路人队伍里，一起熬到天明……

终于，我如愿以偿地买到了入场券，但时间排到了最后一日。图3这张说明书上还隐约能看到当初我注明的日期：1962.11.13。这是我年轻时值得纪念的一件事，所以特意在日记本里记了下来。这页日记连同说明书一起夹在日记本里，并有幸保留了下来。正因为如此，今天我才能将此事的过程不失真实地写出来。

进场后，我坐在灰暗的观众席里环视四周，发现剧场东西两侧墙根处的斜坡台阶上站满了观众，听说是通过托关系才能买到的站票入场的，爆满程度可想而知了。通过我买票的前后经过回想，一张小小的入场票紧张到如此程度，购票的群众队伍还是那么自觉有序，没有加塞和倒票的现象，“先来后到”这不成文的规矩在人们心里被理所当然地遵循着，至于托关系找熟人，也仅能买到站票、加票。五十多年后的今天，该如何评说此现象呢？我有些茫然。

图4，山东剧院于1955年初落成，是济南市当时最大最好的一座文娱殿堂，古朴、端庄、素雅的传统建筑风格吸引了来自上海的电影演员们。他们在演出即将结束前，特意又请来了皇宫照相馆的摄影师，在剧院门前为他们拍下这张五人的三寸照片留念。照片上方还能清晰地看到《雷雨》话剧的大型海报。自左至右是：徐俊杰、赵丹、任申、康泰和冯笑。这张照片躲过了“文革”浩劫保存至今，同我的命运连在了一起。1965年“文革”前夕，在“唯成分论”的阴影笼罩下，像我们这些成分不好的青年，想找一份工作就业是很艰难的。当时正赶上轰轰烈烈地备战备荒疏散城镇人口的热潮，街道干部就让我们这些“可以教育好的子女”去重在政治表现的农村。站在写有“劳动光荣、下乡为贵”等革命口号红色横幅的“解放牌”大卡车上，在敲锣打鼓的群众欢送声中，我们冒着细雨渡过黄河，直奔那广阔的天地“大有作为”去了（1968年改称为“知识青年上山下乡接受贫下中农再教育”）。

当时我随身只带了简单的行李，并顺手带去了一本日记册。后来才发现这张五明星们合影照和《雷雨》话剧的说明书夹在日记册里，同我一起在广阔天地里“大有作为”，躲过一

图4

劫，成了“漏网之鱼”。但是其他那些我保存的电影明星照片就不那么幸运了，后来全部成了“革命造反派”的战利品。一年后，“文革”席卷全国，造反派串联相互效仿，因父亲的历史问题和地主成分，我家被抄家、批斗，最后又赶至农村，房屋充公，家具当作四旧被瓜分，东西抄走不知去向，当然我的那些小收藏也随之下落不明了。

2010年5月，初中时的五位同学通过不懈努力把分布在全国各地的同学齐聚到济南，成功举办了济南十七中学（原正谊中学）12级8班跨越半世纪的师生大团聚，使同学间重新开始了友情往来。

2014年夏天，在初中就很要好的刘信忠同学打电话给我，忆往事叙友情，讲到我们在一起学习时，我曾送过他两张电影明星照片，他至今还珍藏着。我说我已没印象了，我的那些照片和喜爱的《大众电影》杂志在“文革”浩劫中早已不知去向。说者无心，听者有意，时隔数日接到他发来的快件，拆开一看，正是我俩在电话里提到的那两张电影明星照片，其中还有一张原件。他在信中讲，得知我的那些照片藏品在“文革”中丢失，特意把两张照片翻拍一份寄给我，各存一张原件，留存，互惠，方友谊长存。刘信忠同学这种真诚无私的情感让我深受感动，在此我仅能对他道一声，谢谢。

有了我这位同学的友情馈赠，方使我今天有条件连同那张五位男明星合影相互关联的故事写出来。

女儿的梦想

孙玉德

“文化大革命”期间，大约是1972年夏，我的大女儿该升小学二年级了。当时她有一个梦想，就是能当他们班的班长。按说做父母的应该鼓励、支持孩子实现梦想。但当时我们只能保持沉默，因为我们心里很清楚，她的这个梦想是不可能实现的。

当时她年纪小，我们还没有告诉她：她的父母都是“摘帽右派”。她更不知道，在那个年代，出身和成分主宰着每一个人的命运。她再努力，表现再好，也没有资格当班长。虽然，反右运动是1957年的事，距当时已有十五个年头。她的父母已为此付出沉重的代价。当时，虽已摘帽，已重新安排工作，但她也必须为此付出代价。我们做父母的深感内疚。

我们以为：等学校开学班长选出后，她肯定不会当选，她的梦想在这样的现实中会自然而然地破灭，虽然对她的幼小心灵是一个打击，但也无可奈何！

但事情的进展出乎我们的预料。一天下午放学后，我女儿蹦蹦跳跳地回来了，还略带几分兴奋。我们发现在她的胸前挂着一把钥匙，这是当了班长的标志。因为班长的职责之一就是：负责早上打开教室的门，放学锁好教室的门。我们看到这

1968年夏，女儿三岁时拍摄于成都人民公园。

把钥匙后，马上有了不祥的感觉。因为我们很清楚，即使我女儿现在被选为班长，带上了那把钥匙，但过不了多久，她的班长职务一定会被撤掉，钥匙也会被摘走。这不仅是她梦想的破灭，更是对她人格的侮辱，对她会是一个沉重的打击。为此，我们极为不安。

我们百思不得其解，怎么不可能的事，竟会变成现实？事后我们才知道：这学期他们的班主任是刚从基层调上来的，她不了解情况，也缺乏经验，在这种情况下，我的女儿才被选为班长。但马上就有老教师提醒她：你们班上有县委书记的儿子，怎

1974年10月，女儿（右一）九岁时与小学同学在凉山合影。

女儿（右一）与初中同学在凉山合影。

么能选一个右派的子女当班长？这位新老师意识到她犯了一个严重的政治性错误，必须立即纠正。而我们却把希望寄托在班主任身上，期待她能妥善处理，让我的女儿少受些伤害。

但事与愿违。一天下午，我们把晚饭做好，等女儿回来吃饭，突然听到院子里闹哄哄的，声音越来越近，好像朝我们家走来。我们赶快跑到家门口，果然，一大群小学生簇拥着一位老师向我们家走来，我女儿在老师的身旁一边走一边哭。见此情景，我们马上明白事情终于爆发了。

女儿的同学看到我们，赶快围了上来，叽叽喳喳地争着说他们班上发生的事情。从他们“你一句、我一语”的叙述中，我们知道了“他们班要改选，提出选县委书记的儿子做班长，但他们不同意，坚持他们原来自己做主选出的我女儿当班长”。双方僵持不下。后来，对方在背后散布：她的父母有问题，是特务，有发报机——不能当班长等等。最后，这些话传到了我女儿的耳朵里，结果就出现了眼前的局面。我们感到手足无措，不知该如何应对。只好先把班主任和同学们迎到家里。

孩子们都瞪大眼睛望着我们，特别是我的女儿，一双大大的泪眼望着我们。他们期待着，可能期待我们能理直气壮地表态：“那些都是谣言，我们是好人！”以此来证明他们原来的民主选举是正确的，我女儿有资格当班长。但我们让他们大大的失望了。我们向班主任表态“改选是正确的”，并把女儿胸前的那把长钥匙取下来交给了班主任。孩子们突然鸦雀无声，我们的女儿也不再哭泣，他们满脸疑云，瞪着眼睛望着我们，他们都在问：“这是为什么？”

最后，到底是县委书记的儿子当上了班长，胸前挂着那把长长的钥匙。

《老照片》“赛音”！

孙国辉

1997年冬，笔者正在赛罕坝拍照片，肆虐的暴风雪使气温降到零下40多度。所幸我带的是两架耐寒的机械相机，还将快门和光圈上的润滑油换成了二硫化钼金属润滑粉，以免冻住。而山巅下沟壑积雪竟至二米多深，笔者既背相机又背三脚架，下山从雪里爬出来时狼狈不堪，眼镜里外都是雪。

回到爱里（村），与猎手和朋友们喝着“套马杆”（一种本地产的烈酒）吃着手把肉，更佐以奶茶，意欲尽快恢复体温。——正酒酣耳热，窗外一阵马嘶。随着狂风卷进两个人来，待摘掉满是霜雪的蒙古风帽之后，才看出一个是我的蒙古小兄弟斯钦毕力格，跟在他后边的是白音塔拉苏木（镇）邮政所的特睦热。几位酒友赶紧帮他们脱下皮袍，把他俩拥到炕上，待喝下一碗滚烫的奶茶之后，又逼着他们喝下三杯酒“暖和暖和”，斯钦毕力格这才开始说话：“有好事，我让特睦热给你把宝贝带来了，特睦热，快把东西拿给大哥看看。”

特睦热默默笑着，用骨节粗壮的大手从挎包里小心地掏出用报纸包着的东西递给我，我接过来揭开残破的包装一看，“老照片”三个字让我眼前一亮！是第一辑到第四辑，每辑两本，可惜书虽是新的，但已折损得没个书样儿了。还有几本被水泡过，书页都粘在了一起，有的经过了碾压，已经揉搓得不成样子……再看那包裹单，虽经水浸和碾压撕扯，仍能看出是邮往“哲里木盟白□□□□”。问特睦热是咋回事，蒙汉兼通的汉子说：“雪大，送邮袋的车翻了，这个邮袋埋在雪里，让后边车压碎了。我看见《老照片》就想到了你，这个邮件也投错了地方，只好让旗局和盟局想法解决。我说得把原件退回去，可这小子……”他用马鞭指一下斯钦毕力格，“他说孙大哥特喜欢这个，你就说丢了不就得了，让领导去处理吧。这样我就给你拿来了，你看有用不？”

“两位兄弟，你们给我带来了宝贝。这书对我太珍贵了，我掏心窝子感谢你们。但是这些书我不能要，今们儿晚上我好好看一遍。你们俩也别走了，就在这炕上睡，明天把书包好交回去，等着看这书的人不定咋着急呢。”

一个月以后，我在北京三联韬奋图书中心和万圣书店买到了第一辑到第四辑《老照片》，如获至宝。打这开始就这样买着看。

这就是《老照片》在我身上的揭橥和滥觞。

到1999年11辑开始预订邮购时，便邮购。到2001年19辑通知可以通过邮局订阅2002年的《老照片》，马上就订了全年的，一直到现在。在2011年发行1至75辑精装合订本，我又网购了六套，送给影友和文友，得到他们的一致好评。在我的力荐下，还有很多人买了这套书。

《老照片》的好，首先表现在她用老照片说话，而那是翔实而无可辩驳的。一切谎言、伪说教、悖论、佞语、污蔑和诋毁，在老照片近乎残酷的真实面前统统噤若寒蝉，悄无声息。古人云“以铜为鉴，可正衣冠；以史为鉴，可知兴替；以人为鉴，可明得失”。在下愚揣，也可加上“以老照片为鉴”，除衣冠、兴替、得失皆可鉴外，一切的一切，包括尘封的，蓄意掩盖的，忌言讳谈的……皆可纤毫毕现。

尤其应该指出，《老照片》的优秀便是她以老照片说事的文字，其文皆由老照片的主人、亲人、亲历者、亲见者、亲闻者、发现者、考证者、拍摄者、传承者、征集者……所撰写。大都以老照片为佐证，真实可信，有的朴实无华，有的见所未见。有的写诗礼簪缨之辈的往昔，有的写食不果腹同胞之窘况，有的诉说沉冤一生的悲怆，有的追忆革命前辈的伟绩，有的讲述坚强的老布尔什维克惨烈的结局……再现了万花筒般的中外世情，解密了诸多人云亦云的历史疑窦。

集万瞬于一书，罗亿言于百辑。笔者尤喜那些近乎草根的质朴叙述，更赞佩《老照片》编辑人员诚恳而不畏万难、上下求索的精神。那么多珍贵的老照片，域外的，对岸的，古老的，不愿披露的，惜字如金的，踌躇难决的……都为你们的真诚所感动、所说服，奉献出来，以飨读者。说到底，《老照片》就是达盖尔发明摄影术以后中国近代史的真实写照。她并不只囿于摄影的一个个镜头，而是定格了全面的真实历史，甚至包括不同地区、不同领域历史的局部放大。她是让人民可以直接用眼睛看到的历史，真实地再现中国、中华民族的脊梁！

笔者学过摄影，又从事过文史工作，只因智商太低、悟性过差，没有什么建树。卑之无甚高论，以己度人拿收集老照片为例：首先是自己做人要正，拥有老照片的人才能信任你，把珍贵的老照片提供给你。再一个就是快，一听哪里有线索，哪怕是正吃着饭，立即撂下筷子就走。还有一点就是不怕吃苦，几百里的草原土路或骑马或驱车，不畏饥渴，不在意颠簸。还有一点儿小体会，就是老照片往往存在于曾经的大户人家。旧社会照张相很贵，小门小户根本照不起，偶尔照了也保存不好。另外，有文化有知识的人照片多，也保存得好，如笔者收集到的一些玻璃底板（散页干版）就多来自书香门第。而老照片已历数劫，经过历次运动，尤其是“文革”。很多人怕照片惹祸上身，事先忍痛割爱，将老照片和底片付之丙丁，我处的一位年轻时喜欢照相的大户之女，在被抄家前用老照片和底片做燃料为全家七口人做了一天（三餐）的饭，看着大锅灶膛里照片在火焰里逐渐卷曲而化为灰烬，老媪垂泪潸潸……加上棚户区改造、房屋动迁，现在能找到一张老照片真的不容易。颇似扬雄《太玄赋》中所谓“将噬脐之不及”。虽然我们这里是边远的塞外，但大限来时任何地方的人们对老照片的态度大抵如此。将心比心，《老照片》的编辑人员估计也付出过更为艰辛的努力。

顺便提一点小小的建议，即《老照片》刊载沿海发达地区和中原文化的老照片及文章较多。反映周边少数民族及边远地区的内容相对较少。沿海及大城市历史文化丰富是不争的事实，但各少数民族及边疆的老照片及史实也是客观存在的。虽然数量相对较少，但称得上弥足珍贵。以日本军国主义扩张侵略为目的的所谓“考察团”、“考古队”从十九世纪末络绎进入内蒙。沿途测绘、摄影，出版《蒙古横断纪》（江上波夫）、《赤峰红山后》（东亚考古协会）、《满蒙游记》（与谢野宽、谢晶子）等诸多书籍，照片及明信片甚至映画（电影）《蒙古横断》（1925.辽东新报社），曾在赤峰长时间逗留的日本人类学家乌居龙藏便是第一个把摄影术应用到自然科学领域的人……这些都有待于贵刊发掘、介绍，也有待于向读者昭示我们国家疆土辽阔、五十六个民族从落后走向繁荣的历史。

看到贵刊诚恳的征稿启事，曾萌发写稿的意图，但感贵刊所登稿件与自身水准有霄壤之别，后来按捺不住试投一稿，竟得到发表，使笔者欣喜不已，今后亦当努力。

从一些文章中可以管窥各位编辑同仁为《老照片》殚精竭虑、奔走呼号和上下求索的感人业绩，你们给整个国家的摄影史，不！近代史、编年史、党史、军事史、民族史、改革发展史，奉献了一份不可多得、熠熠闪光的重要资料。《老照片》百辑的成功出版，是《老照片》编辑部及出版社的里程碑和功劳簿、集结号。由衷地感谢贵社全体同仁的创造性劳动，您们的使命感、责任感和无私奉献的精神让读者感动！让各族人民感动！也必然让国家感动。

请接受来自广袤草原的谢意和祝福！

《老照片》赛音（好）！

你好，《老照片》

丁　丽

1996年12月，《老照片》横空出世，第1辑，6.5元，4印张，83幅照片，70千字，计划每年出版4至5辑。初创，跟风者甚多，一时卷起千堆雪，恰如当今电视剧，综艺节目题材之密集撞车。

2015年2月，第99辑，20元，6印张，132幅照片，120千字，邮发代号24-177，每年出版6辑。曾经的千堆雪早已被时代撞成泡沫，应验了白石老人“似我者俗，学我者死”。

1996年，我结婚，如今儿子已是风华正茂。这一路走来，《老照片》相伴左右，不离不弃。已经忘记当年何等机缘购下第1辑，当时是否一见倾心，怦然心动，只知是在武汉三联书店所淘（书店今安在？还有“在下列书店可以买到《老照片》”那些书店，甚至街道可平安？）。从2002年起，改由邮局订阅，如今，书架上《老照片》从1到99辑，如军姿挺拔的士兵，无一掉队，洋洋大观。此外，我还将番号为《温故》《读库》的军士，从创刊至今，招至帐下。“你若热爱，就会深爱”，我自诩为这三种书的超级粉丝，想来不算吹牛？

我常常想：一本薄薄小册子，何以历久弥新，经久不衰，枝繁叶茂，且有诸多衍生品：《你没见过的历史照片》系列已出至第五辑，《感言老照片》《当历史可以观看》一版再版……

书里书外有岁月的烙印。

翻检旧书，“其实书何曾旧，故书不厌百回读，每次重读都有新感受，新发现”（王鼎钧）。我在2004年某辑中翻出一则夹在里面的剪报：帮孩子迈好入学第一步。心里顿时温柔牵动，那年孩子上小学了。另一册掉出一张即时贴：煎鱼不沾锅的办法。妈妈也是《老照片》的忠实粉丝，每册到手，必会戴上老花镜，细细端详，慢慢品味，与此同时，还不忘教女儿厨艺。我问自己：煎鱼不沾锅的法子你学会了吗？

当我看到“伟大的领袖和导师毛泽东主席永垂不朽”（见第2辑）时，记起那是1976年9月9日，我刚上小学。据查：那天周四，我居然没上学，还和妈妈一起在海员文化宫（今安在？）看电影，逃学？求证老公——他淡淡应道：“你忘了？我们那时候周三、周四下午都不上学。”那天看的电影《欢腾的小凉河》，刚放一会儿就被紧急叫停，妈妈带我从王家巷坐轮渡回家，一到码头就听到广播，随后江上汽笛长鸣。多年以后，我居然还记得妈妈茫然无措的眼神（我真的记得？抑或只是想象）。再后来，我在一商家招聘广告上看到：“月薪26张毛爷爷”。时代真的变了。

小学开追悼会，有个男生不知为何笑了一声，班主任冲上去刷一耳光，娃娃们顿时哭声大作，悲伤？害怕？还是哭比较安全？后来我当了老师，时时提醒自己：大家都笑时，要允许有人不笑；大家都哭时——还好，这种情形没有了。

其后，我居然主动积极背毛主席治丧委员会名单，还组织同学学《毛泽东选集》。七岁丫头居然有如此政治觉悟？是机心？是愚昧？

后来反思：如果“文革”没有结束，我会成为狂热分子吗？我是害人者？受难者？还是兼而有之？不敢想。

在《老照片》丛林里，我听到那么多回音：1976年4月9日，幼儿园小朋友捧宝像，喊标语，声讨邓小平（96辑）；10月，小学生张晓良参加打倒“四人帮”的游行（85辑）；高一学生李强和同学们一起向党中央写血书表决心（50辑）。

人们的生活处处都逃不出政治的手掌心，即使你是孩子！

救救孩子！

如果有人追忆从前空气清新，食品安全，民风淳朴，我建议他看看《老照片》，那些岁月的烙印，伤痕依旧，我想问问他：你真的愿意回到过去吗？

时光的筛子不停抖动，有的记忆一直留在上面，只是我们一时想不起来，或者不愿意想起来，一年，两年，十年，二十年，渐至声消音歇。

所幸我们有《老照片》。

墨写的有谎言，照片有摆拍，有后期处理，有不同解读，但我依然相信《老照片》。因为“人生总要信”（电影《岁月神偷》台词），因为总有那么一瞬的影像定格，让时光在刹那不朽。《老照片》是岁月的烙印，它有温度，有力度，它告诉我们：曾经有人如此活过，爱过。它必将拓展我们的人生。

书里书外是人生的镜子。

当我看到某名人从年轻到暮年，从得意到失意均是一副苦大仇深、无比凝重的表情，问自己：你可愿意和她一样？答案当然是“NO”。于是暗暗提醒：放轻松，放轻松，不要像人人欠你钱，不要把五千年沧桑都写在脸上，于是渐渐眉心舒展。

当我看到“三年自然灾害”时的午餐，老师、学生之间拉起帘子，老师的饭菜香味飘至学生这边，初始震惊，继而悲凉，最后无语，问问自己：你是否真诚地面对学生？

当我看到王瑶先生在校时尽力不误人子弟，离校后各自行云流水，保持着精神上的热诚、自由和达观（33辑）。虽不能至，心向往之，一定要向这方向努力啊。不然，将来遇到从前学生，对方暗笑：“一点进步都没有，老太婆。”

《老照片》这面镜子要再亮些才好。

书里书外是历史的反思。

那些旧时山河，20世纪初的敦煌、四川，难逃厄运的济南老站，什么是沧海桑田，这就是了。如今山河劳累，空气重霾，天地气喘吁吁，我们怎么面对今天，怎么面对未来？

教科书上的历史：抗日战争，抗美援朝。它是真相吗？它是唯一的真相吗？

有人说：“历史是任人打扮的小姑娘。”有人说：“历史是人民写的。”

其实历史是胜利者书写的。但是，既有官修正史，就有民间野史，秦始皇一部，孟姜女一部，李斯、赵高、修灵渠的苦力人手一部。

历史原本多元，一个民主社会，应该从多元的记忆开始（朱学勤语，25辑）。《老照片》多年如一日，默默地为后代保存着多元记忆。当年筚路蓝缕，如今木已成林。

长期以来，我们已经习惯谴责，乐于贴标签，却很少静下心去想：那时候到底发生了什么？为什么会发生？我在那时真的比当事人高明吗？高明多少？互联网时代，我们更忙了，各种信息铺天盖地，我们匆匆忙忙拍下来，风风火火传出去，既没有看清楚它的外表，更谈不上了解其内涵，如何作出理性判断？

久而久之，人心浮躁，社会浮躁，国家浮躁。更糟糕的是——我们还这样言传身教：只要一个小小的手机屏幕，就可以隔绝整个世界。君不见，手机控年纪越来越小，可参见各餐馆等饭吃的小客人，儿科病房的小病号们，只走流量不走心……

如何面对海量信息，如何多些理性、平和，少些冲动、戾气，《老照片》对我的思维方式、人生态度，恐怕不是一点帮助都没有。

“九一八事变，在日寇的铁蹄下，东北三千万同胞过着耻辱的亡国奴生活。”（人教版八年级历史课本上册）

乔世良先生作品：日本在大连的殖民教育；1931年，日本修学旅行记（91、92辑）为我们提供了全新视角、详实的史料。

“十年动乱，广大干部和知识分子遭到严重迫害。”（八年级历史课本下册）

孙培荣在内蒙古达旗拍下标准免冠照，他从1957年到2001年度拍照连续了四十五年。（89辑）

叶景吕先生从1907年起，每年都去照相馆拍摄一张个人肖像，一直拍到1968年去世。（《读库1002》）

一站一坐一生。

他们是普通的中国人，无论周遭如何，他们都有自己的坚持与操守，他们爱惜羽毛，不肯把它弄脏了，在《老照片》无数生命祸福穷达、悲欢离合里，总有人性不屈的光芒，在骄傲地闪亮。

在历史的反思中，时光流逝。有一天，我们的今天也会登载在《老照片》上。那么，我们直面人生了吗？我们的人性闪光了吗？如见故人，可知羞惭？

《老照片》即将100辑，感谢你给予我的一切。

亲爱的《老照片》：

我祝你初心不变，弦歌不辍。在这“人生可问，命运不可问的年代”（第1辑），在这“无话可说，有事可做的时代”（傅国涌语，第99辑），保持自己的风骨，一如既往办出底气、品味、尊严。

我也会好好努力，我们都不要让对方失望喔。

愿这种陪伴更长久，更有力。

你好，《老照片》。

我与《老照片》的“三步曲”

冯法亮

能够与《老照片》相识、相与、相交，很是幸运。

记得在2000年的夏天，当我第一次看到《老照片》的面孔时，她已经是第14辑了。我把她买到手，带回家，一口气将所有的内容读完，仍意犹未尽。凭我时常光顾书店的习惯，我确认她是一本不可多得的好书。此后，我成了《老照片》的一名忠实读者，每读罢一辑《老照片》，都会有所收获。

受《老照片》纷繁人事的感染，我在2008年试着给《老照片》投了一篇小稿，没想到很快就被刊用，此后，我感觉拉近了与《老照片》的距离，有幸成了《老照片》的一名作者。我曾把刊登拙稿的第六十二辑《老照片》一下子购买了五本，分别赠送给我的姐姐、弟弟和妹妹，让他们和我一起分享走进历史记忆中的感受。

时间到了2011年，我在读《老照片》第七十六辑时，一连发现有几处文字（或标点）上的“错误”，随即给《老照片》去信说明。没有想到的是，很快就收到编辑的回信，他们感谢我对《老照片》的关爱，并对我提出的错误一一给以解释，结果是，我提出的三处“错误”，只有一处（标点）算是有误，其余两处都是我的误判，其中，他们对“越王句践”的解释，使我钦佩不已。由此我想到 “才学一斗，与人一口”的道理。感谢《老照片》的编辑者们，以他们深广的见识、包容的态度和平实的语言，引导最早的一批参与者和广大读者朋友，书写出一篇又一篇精美的历史记忆。尽管我在读《老照片》时流了不少眼泪，但我还是看到了社会不断进步的步伐，这是我读《老照片》的真切感悟。

在《老照片》即将迎来百辑庆典的时候，我衷心希望这本“观照百多年来人类的生存与发展”的读物，百尺竿头，更进一步，越办越好。由此，我冒昧提出两点个人看法：一是关于本书刊的开本，我留意到书刊曾经在封面、插图、页面等装帧设计上有过几次微妙的变化，就像十八岁的姑娘，越变越好看，但我想要说的是，她的开本，最好从始到终，保持现在这样一种规格，这样一种风格，便于识别，便于收藏，便于存史。二是本刊即使稿源充足，也要考虑扩大宣传力度和发行范围，争取从“看不到《老照片》的那些地方”，抢救那些存世有限的老照片及与老照片相伴的老照片里的故事，把《老照片》已经开创的事业继续推向前进。

书末感言

“抗战”情结

冯克力

年初，北京某影像文化公司曾与编辑部接洽，有意从已出版的一百辑《老照片》里，选取与抗战直接有关的稿件结集成书，合作出版。

听来是个不错的创意，却未便即时作复，因为我们自己也说不清这些年到底刊出了多少与抗战有关的文章与图片。于是，赶紧将百辑《老照片》从头翻过，最终从里面找出了一百多篇！《老照片》每辑的稿件大约二十篇左右，也就是说，与抗战有关的内容，差不多占了全部篇幅的二十分之一，这还未包括那些零星涉及抗战的。

《老照片》多为自然来稿，因此，上述统计应该比较真实地反映了那场战争在几代中国人记忆里所占的分量与比重。

本辑《老照片》颇有几篇与抗战有关的图文，也是因为纪念抗战胜利七十周年的日子越来越近，自然唤起了国人的情感和记忆，故而有了此一波比较集中的表达：从杨森所部正面战场的搏杀到冀中敌后“地道战”的袭扰，从中山大学的战时播迁到家族抗战的生死别离……真是波澜壮阔，可歌可泣。

抗战时期，国民党和共产党是当时国内仅有的两个坐拥武装力量的政党，而且两党自始都反对投降，主张抵抗，虽然一当政一在野，承担的战略方向不同，战果也迥然有殊，但大敌当前尚能搁置前嫌，共赴国难，已足铭千秋，功莫大焉！但遗憾的是，七十年过去了，国共双方仍在被抗战的史述所困扰。前些时候应邀来大陆“战地重游”的前台湾“行政院长”郝柏村将军，所到之地，对一些抗战纪念馆的陈列与解说，颇有微词；而不久之前，《人民日报》则对网上流传的一项疑似贬低中共军队抗战中毙敌战果的统计，严词驳斥……

十年前，当抗战胜利六十周年之际，笔者曾在某辑《老照片》“书末感言”里惋惜道：“抗日战争已过去了半个多世纪，我们还没有一部权威的、足可传诸子孙的民族抗战史。”如今又过了十年，参加过抗战的老兵和亲历过抗战的那一代人，已日渐凋零，而这样一部信史的诞生仍未见端倪，实可叹也！

图书在版编目（CIP）数据

老照片.第102辑/冯克力主编. —济南：山东画报出版社，2015.8

ISBN 978-7-5474-1648-8

Ⅰ.①老… Ⅱ.①冯… Ⅲ.①世界史－史料②中国历史–现代史–史料 Ⅳ.①K106 ②K260.6

中国版本图书馆CIP数据核字（2015）第184785号

责任编辑 冯克力
装帧设计 王 芳
主管部门 山东出版传媒股份有限公司
出版发行 山東畫報出版社
社 址 济南市经九路胜利大街39号 邮编 250001
电 话 总编室（0531）82098470
市场部（0531）82098479 82098476（传真）
网 址 http：//www.hbcbs.com.cn
电子信箱 hbcb@sdpress.com.cn
印 刷 山东临沂新华印刷物流集团
规 格 140毫米×203毫米
6印张 120幅照片 120千字
版 次 2015年8月第1版
印 次 2015年8月第1次印刷
定 价 20.00元